पर्यावरण प्रदूषण
एक अध्ययन

पर्यावरण प्रदूषण : एक अध्ययन

डॉ. रवीन्द्र कुमार

ISBN : 978-93-84419-42-4

प्रकाशक :
हिंद-युग्म
1, जिया सराय, हौज खास, नई दिल्ली-110016
मो.- 9873734046, 9968755908

कला-निर्देशन : विजेंद्र एस विज

पहला संस्करण : 2016

© डॉ. रवीन्द्र कुमार

Paryavaran Pradushan : Ek Adhyayan

(A collection of articles written by *Dr. Ravindra Kumar*)

Published By
Hind Yugm
1, Jia Sarai, Hauz Khas, New Delhi-110016
Mob : 9873734046, 9968755908
Email : sampadak@hindyugm.com

Website : www.hindyugm.com

First Edition : 2016

उपासना के लिए

सबसे पहले अपनी पत्नी श्रीमती उपासना को याद करता हूँ जिसकी याद में मुझे ऐसी किताब लिखने के लिए मजबूर किया। बात यहाँ से शुरू होती है कि जानेवाले कभी नहीं आते, जानेवाले की याद आती है। मेरी पत्नी श्रीमती उपासना जिनकी आयु लगभग 56 साल थी, वो कैंसर (मेक्सलरी साइनस कैंसर) से पीड़ित थीं। अभी उनकी सेवानिवृत्ति में लगभग 6 साल बाकी थे, जोकि सिस्टर निवेदिता सर्वोदय कन्या विद्यालय, डिफेंस कॉलोनी, ब्लॉक ए, नई दिल्ली की प्रधानाचार्या के पद पर कार्यरत थीं। उनकी मृत्यु इस खतरनाक बीमारी के कारण 29 अप्रैल 2015 को हो गई। मेरा विवाह उनसे 7 दिसम्बर 1989 को हुआ था। मेरा और उनका साथ 25 वर्ष 4 महीने और 22 दिन रहा। मेरी दो बेटियाँ हैं। बड़ी बेटी का नाम मानसी वर्मा और छोटी बेटी का नाम महिमा वर्मा है। बच्चों को अपनी माँ के जाने का गम है और मुझे अपनी पत्नी और अपने बच्चों की माँ के जाने का। इसी गम ने मुझे कलम उठाने के लिए मजबूर किया है।

जैसाकि हम जानते हैं और मानते भी हैं कि पर्यावरण का प्रदूषण कैंसर फैलाता है, इसलिए मैंने इस विषय पर यह किताब लिखी है। जिससे लोगों को प्रदूषण के बारे में अधिक से अधिक जानकारी मिले और प्रदूषण से बचें, जिससे कैंसर जैसी अन्य जानलेवा बीमारियों से बचा जा सके।

प्रदूषण को केवल तीन भागों में बाँटा गया है। जल प्रदूषण, वायु प्रदूषण और ध्वनि प्रदूषण। ज्यादातर लोग इन तीन प्रदूषणों के बारे में ही जानते हैं, लेकिन यहाँ पर मैंने इन तीन प्रदूषणों के अलावा दूसरे प्रदूषणों के बारे में भी बताया है। जैसे- प्रदूषण के पहलू क्या है ?, आर्सेनिक से प्रदूषण, प्रकाश से प्रदूषण, पर्यावरण में नमक से प्रदूषण, सीसा (लेड) से प्रदूषण,

सिगरेट से प्रदूषण, रेडियो एक्टिव पदार्थों से प्रदूषण इत्यादि का वर्णन किया गया है। ये सारे के सारे प्रदूषण स्वास्थ्य के लिए बहुत ज्यादा हानिकारक हैं। आर्सेनिक से उत्पन्न होनेवाले प्रदूषण से त्वचा का रंग बदलने लगता है। जिसके कारण चर्मरोग हो जाता है और मानव की हालत बद से बदतर हो जाती है। इस आर्सेनिक का स्वास्थ्य पर असर 5 से 10 साल के बाद होता है। यदि महिला गर्भवती है तो इसका असर उसके आनेवाले बच्चे पर भी पड़ता है। ज्यादा प्रकाश भी मानव स्वास्थ्य पर बुरा असर डालता है। प्रकाश की ज्यादा चमक-दमक मानव की आँखों पर असर डालती है, जिससे मानव की आँखों की रोशनी कम होने का खतरा हो जाता है। प्रकाश पक्षियों के जीवनशैली पर भी प्रभाव डालता है, क्योंकि पशु-पक्षी और इंसान को रात को आराम करने के लिए अंधेरे की आवश्यकता पड़ती है, जिससे वे सुकूँ से चैन की नींद सो सकते हैं। पेड़-पौधों की वृद्धि भी रात के अंधेरे में ही ठीक तरह से होती है। रात में भी यदि प्रकाश रहेगा तो पेड़-पौधी की वृद्धि ठीक से नहीं होगी। दूसरी बात यह है कि दूरबीन, जिसके जरिये चाँद-तारों का अध्ययन किया जाता है, वो भी रात को ही किया जाता है। इस दूरबीन को वहीं पर लगाया जाता है जहाँ रात के समय प्रकाश न हो।

सिगरेट से प्रदूषण डीजल जैसे पदार्थों से फैलने वाले प्रदूषण से कहीं ज्यादा खतरनाक होता है क्योंकि उसमें हजारों रसायनिक पदार्थ होते हैं। ये रसायनिक पदार्थ वायु के साथ मानव के अन्दर प्रवेश कर जाते हैं जिसके कारण मानव को कैन्सर जैसी और हृदय रोग हो जाता है।

रेडियोएक्टिव पदार्थ से कैन्सर रोग होने का खतरा बना रहता है। प्रदूषण को फैलाने में आतिशबाजी को भी कम नहीं आँका जाना चाहिए क्योंकि इससे हवा, पानी और मिट्टी बहुत ज्यादा प्रदूषित हो जाते हैं। ध्वनि प्रदूषण फैलाने में आतिशबाजी की एक बड़ी भूमिका है। ध्वनि प्रदूषण से बहरेपन की शिकायत हो जाती है। इसके कारण इन्सान के खून का दबाव कम या बढ़ सकता है और उसकी मृत्यू भी हो सकती है। आतिशबाजी से जो धुआँ निकलता है, इन्सान उसको अपने अन्दर ले जाता है जिससे फेफड़ों की बीमारी उत्पन्न हो जाती है और अस्थमा जैसी बीमारी का शिकार हो सकता है।

प्रदूषण को रोकना हमारे जीवन का लक्ष्य होना चाहिए। जब संसार भर के प्रदूषण की बात करते हैं तो हमारा देश प्रदूषण के लिहाज से सबसे ऊपर माना जा रहा है। इसमें भी भारत में दिल्ली सबसे ज्यादा प्रदूषित है। इसलिए दिल्ली की सरकार को प्रदूषण के मामले में ज्यादा से ज्यादा काम करना चाहिए। जैसाकि हम जानते हैं कि दिल्ली में प्रदूषण ट्रांस्पोर्ट से ज्यादा होता है और दिल्ली में कारों की तादाद बहुत ज्यादा है। इसके अलावा दिल्ली के बाहर से आने वाले ट्रक भी प्रदूषण फैलाने में अहम भूमिका निभाए हुए हैं। इन सबको ध्यान में रखते हुए दिल्ली के तत्कालीन मुख्यमंत्री अरविंद केजरीवाल ने दिल्ली में प्रदूषण को कम करने के लिए बड़े अहम कदम उठाये हैं। यदि ये कदम कामयाब रहे तो दिल्ली को निश्चित रूप से प्रदूषण से राहत मिलेगी। दिल्ली को प्रदूषण मुक्त तो नहीं कह सकते फिर भी दिल्ली शहर को बड़ी राहत मिलेगी। दिल्ली के मुख्यमंत्री केजरीवाल साहब ने 1 जनवरी 2016 से ऑड और इवन नम्बर की गाड़ियों के चलाने का कदम उठाया है। जिन गाड़ियों के नंबर में अंत में 0, 2, 4, 6 और 8 का अंक आता है वे इवन नं. की गाड़ियाँ कहलाती हैं और जिन गाड़ियों के नंबर में अंत में 1, 3, 5, 7 और 9 का अंक आता है वे ऑड नं. की गाडियाँ कहलाती हैं। ऑड नंबर की तारीख को ऑड नं. की गाड़ी चलती है और इवन नं. की तारीख को इवन नं. की गाड़ियाँ चल सकती हैं। और यही चीज बाहर से आने वाली गाड़ियों पर भी लागू होती है। अगर कोई इस कानून का उल्लंघन करता है तो उसे 2000 रूपये का जुर्माना देना होगा। ये ट्रायल 1 जनवरी से 15 जनवरी 2016 तक लागू था और दूसरे चरण का ट्रॉयल 15 अप्रैल से 30 अप्रैल 2016 तक लागू होगा। यदि दिल्ली को इसमें कामयाबी मिलती है तो इसे जारी रखा जा सकता है। केजरीवाल साहब ने अपने को इसी दायरे में रखा है। बात यहाँ पर आकर रुकती है कि यदि मानव जीवन को प्रदूषण मुक्त रखना है तो ये एक छोटी सी चीज पर अमल होना चाहिए लेकिन इसके लिए पब्लिक ट्रांसपोर्ट को बढ़ावा देना होगा और जितने भी सरकारी संस्थाएँ और दफ्तर हैं वे अपने कर्मचारियों के लिए ट्रॉंसपोर्ट का इन्तजाम करें क्योंकि एक बस में 40 आदमी आ सकते हैं। इसलिए हर ऑफिस की जिम्मेदारी होनी चाहिए कि वो अपने कर्मचारियों के लिए बस

का इन्तजाम करे। इससे प्रदूषण भी कम होगा और कर्मचारी ऑफिस भी वक्त पर पहुँच जाएगें। सरकार अपने कर्मचारियों को ट्रांस्पोर्ट एलाउंस देती है। वो उनको न दिया जाये। उससे बसें खरीदी जा सकती है और वो पैसे बसों पर खर्च किए जा सकते हैं। इससे प्रदूषण भी कम होगा और प्रदूषण को मेनटेन भी रखा जा सकता है। यदि प्रदूषण कम करना है तो पब्लिक और सरकार को अपनी सोच बदलनी होगी। पब्लिक को भी चाहिए कि कारों का कम से कम इस्तेमाल करे। इससे देश का धन भी पेट्रोलियम पदार्थ को खरीदने में बरबाद हो रहा है। ये पैसा बचा तो दूसरे कामों में लगाया जा सकता है। रोजगार पैदा किये जा सकते हैं और प्रदूषण को भी कम किया जा सकता है। जब प्रदूषण कम होगा तो जीवन की गुणवत्ता अच्छी हो जायेगी। बीमारी का प्रकोप भी कम हो जायेगा। लोग सुख-चैन से रह सकेंगे। उपरोक्त प्रदूषणों के बारे में मैंने जो वर्णन किया है उनका विवरण इस किताब में दिया गया है। उन सब प्रदूषणों की जानकारी के लिए इस किताब को पढ़ें और अमल करने की कोशिश करें जिससे प्रदूषण को कम किया जा सके और लोग चैन की जिन्दगी गुजर-बसर कर सकें।

डॉ. रवीन्द्र कुमार

25 अप्रैल 2016

विषय-सूची

प्रदूषण के भिन्न पहलू

हम 'प्रदूषण' शब्द को भिन्न-भिन्न अवसर और समय के अनुसार उपयोग करते हैं। लेकिन वो हर सूरत में हमारे रहन-सहन के पर्यावरण की गन्दगी और हमारे बाह्य मेल-मिलाप और व्यवहार में खराबी की तरफ इशारा करता है। यहाँ तक किसी जुर्म में किसी के दोषी करार होने पर उसे गलत तरीके से बचाना या किसी निर्दोष व्यक्ति को गलत तरीके से सजा दिलवाना भी एक किस्म का प्रदूषण है। किसी और की जमीन और जायदाद पर गैरकानूनी ढंग से कब्जा जमाना या उसमें गंदगी फैलाना, उसे तहस-

नहस करना भी एक किस्म का पर्यावरण प्रदूषण है। उसी तरह औद्योगिक इकाइयों, शहरी बस्तियों और घूमने-फिरने की सार्वजनिक जगहों पर आवाज के प्रदूषण (शोर, गड़गड़ाहट, गैर-इन्सानी आवाजें वगैरह), गर्मी से प्रदूषण (जैसे तापमान में बढ़ोत्तरी से प्रदूषण), कूड़ा-करकट, गन्दगी, टूटी-फूटी कारों, मशीनों और पुर्जों के ढेर से दृष्टि प्रदूषण के उदाहरण रोज ब रोज आम होते जा रहे हैं।

इसी तरह मरे हुए जानवर, बेजान पौधे जैसी चीजें जमीन, समुद्र, झील, नदियों के आवश्यक संतुलन में विक्षोभ पैदा करती हैं और प्रदूषण फैलाने में मदद करती हैं। वनस्पति-जगत में कुछ ऐसे नमकीन किस्म के पौधे और जड़ी-बूटियाँ भी प्रदूषण फैलाने में मदद करते हैं। कारण अप्राकृतिक चीजें, जो एक-दूसरे से बिलकुल अलग होती हैं, उगने लगती हैं। उदाहरण के तौर पर वह घास जिसपर कीटाणुओं को मारने के लिए दवाएँ डाली गई हैं, मीलों दूर अच्छी-भली घास को प्रभावित कर देती है और वहाँ ऐसे झाड़-झंखाड़ उगने लगते हैं जिनपर उखाड़ने वाली दवाओं का कोई असर नहीं होता। खेतों और फसलों के लिए इनको अच्छ नहीं माना जाता।

इन तमाम बातों से यह पता चलता है कि पर्यावरण में तरह-तरह का प्रदूषण फैलने से हमारी दुनिया में, प्राकृतिक चीजों, जैसे रासायनिक, जैविक, जमीन की सतह से ताल्लुक रखने वाली चीजों, में बदलाव आ रहा है, जिनका प्रभाव मानव जीवन पर पड़ रहा है।

प्रदूषण प्राकृतिक आपदाओं और घटनाओं (जंगल में आग लगना, आग के पहाड़ों का फटना, पत्तियों और कलियों का खिलना, जलाशयों के किनारों पर पसंद न होने वाले हालात पैदा होना, जैसे वो किसी नदी का किनारा हो या समुद्र का, वगैरह) से भी फैलता है। इनके अतिरिक्त लड़ाई के हथियारों में युरेनियम का उपयोग, टैंकर, मोटरकारों, बसों वगैरह से तेल गिरने, औद्योगिक अवशिष्ट के उपयोग और गलत तकनीक के उपयोग के कारण भी पर्यावरण में प्रदूषण पैदा होता है। और यह बढ़ता ही रहता है (खासतौर पर जबकि ये सारी चीजे तेजी से फैल और बढ़ रही हैं, इससे बढ़कर अफसोस की बात यह है कि खुद इंसान इस प्रदूषण को बढ़ा रहा

है)। एक तरफ तो गैरजरूरी खराब अवशिष्ट की पैदावार बढ़ रही है और वहीं दूसरी तरफ तरक्की के नाम पर बनने वाली चीजों का उत्पादन भी बढ़ रहा है। इसलिए हम पर्यावरण-प्रदूषण को कम करने के तरीकों को ईजाद कर लेने के बावजूद भी इसपर नियंत्रण नहीं कर पा रहे हैं।

पर्यावरण-प्रदूषण से छुटकारा पाने के लिए हमें नए वैज्ञानिक तरीके ढूँढ़ने होंगे। पूर्वी वर्जिनिया के खूबसूरत पहाड़ों पर चट्टानों की खुदाई से पहाड़ों की चोटियाँ खिसकने लगी हैं। इन पहाड़ी क्षेत्रों में जमीन और चट्टानों की खुदाई बड़े स्तर पर हो रही है। जिससे कोयले की खानें ऊपर आ रही हैं और ऑक्सीजन की बड़ी तादाद चट्टानों और जमीन के ढाँचे को खराब कर रही है। जिससे समस्त घाटी पर भार पड़ रहा है। अंदाजा लगाया गया है कि 467 मील की लंबाई घेरे हुए पानी के सोत वादी के अंदर दफ्न हो चुके हैं। खानों की खुदाई के लिए गड्ढे खोदने से खनिज पदार्थ निकल आते हैं (खासकर कम गंधक वाला कोयला, जो लोहा और इस्पात बनाने के काम में आता है) जिससे आसपास की जमीन की सतह पर दबाव बढ़ जाता है। ये गड्ढे कई किलोमीटर लंबे और 500 मीटर तक गहरे होते हैं। जिन खानों से खास लोहा निकाला जाता है, उनमें गंधक पैदा करने वाले तेजाब और भारी खनिज बाकी रह जाते हैं, जो जमीन पर दबाव डालते रहते हैं। कोयले के कण फेफड़ों को बहुत नुकसान पहुँचाते हैं। जो लोग काफी समय तक इन कणों के पास रहते हैं, उन्हें साँस से संबंधित कई सारी बीमारियाँ हो जाती हैं।

जब से खानों की खुदाई में मशीनों का उपयोग शुरू हुआ है, इन कणों की मात्रा और इसके बुरे प्रभावों में दो गुना बढ़ोत्तरी हो गई है। जिसकी वजह से काम करनेवाले मजदूरों के फेफड़े प्रभावित हो चुके हैं। और काले पड़ गए हैं। कुछ समय के बाद उनके फेफड़ों में सूजन आ जाती है। हवा की गुणवत्ता बनाए रखने वाले विभाग ने लोगों के स्वास्थ्य को ठीक रखने या पर्यावरण प्रदूषण को रोकने लिए अलग-अलग कानून बनाए हैं जोकि फेडरल क्लीन एयर एक्ट (WV कोड) के अधीन बनाए गए हैं। इस कानून ने सल्फर डाई ऑक्साइड, कार्बन मोनो ऑक्साइड और ताँबा के बुरे प्रभाव,

साफ हवा को साफ रखने के मानक निर्धारित किए हैं। और खानों की खुदाई के ऊपर कड़ी नजर रखी जा रही है।

नैशनल पॉल्युटेंट डिस्चार्ज एलिमिनेशन सिस्टम के तहत नदियों और जलाशयों को कोयला और खानों के बुरे प्रभाव से बचाया जाता है।

इतना सब होने के बावजूद प्रदूषण पर नियंत्रण नहीं हो पा रहा है। अभी इस दिशा में और अधिक काम करने की जरूरत है।

जल प्रदूषण और मानव स्वास्थ्य

आपने प्रदूषण के बारे में तो सुना ही होगा उसका हमारे स्वास्थ्य पर हानिकारक प्रभाव पड़ता है। प्रदूषण मुख्यत: तीन प्रकार के होते हैं, जल प्रदूषण, वायु प्रदूषण और ध्वनि प्रदूषण। यहाँ पर हम जल प्रदूषण के विषय पर चर्चा करना चाहेंगे। जल प्रदूषण आम लोगों की सेहत पर बुरा प्रभाव डालता है। जल प्रदूषण की समस्या सिर्फ बड़े शहरों तक ही सीमित नहीं है बल्कि देश का बहुत बड़ा भाग इससे प्रभावित हो रहा है। यहाँ पर हम दिल्ली शहर का उदाहरण लेते हैं। दिल्ली में यमुना नदी के किनारे नजफगढ़ और मेहरौली औद्यौगिक कारखानों से निकलने वाला अपशिष्ट पदार्थ विभिन्न

नालों के जरिये नदी में बहाया जा रहा है जिसकी वजह से जल प्रदूषण बहुत ज्यादा फैल रहा है। पीने का साफ पानी मानव की पहली आवश्यकता है। जबकि अब यह दूषित हो रहा है। यह बात साबित हो चुकी है कि दुनिया में विकसित देशों में रहने वाले लोग खतरनाक रसायनों के कारण ज्यादा प्रभावित हैं। पीने के पानी में रसायन की मौजूदगी की वजह से जमीन की ऊपरी और अन्दरूनी सतह पर पानी में प्रदूषण का बढ़ रहा है। जिनके उदाहरण निम्नलिखित हैं-

पेस्टीसाइड के जरिये जल प्रदूषण

पेस्टीसाइड (कीटनाशक दवायें) यह पहले मिट्टी में और फिर मिट्टी से पानी में मिल जाती हैं जिससे पानी प्रदूषित हो जाता है। इसी प्रदूषण की वजह से जलीय जीवों की कई प्रजातियाँ खतरे में हैं।

निकास (Sewage)

शहरों के जैविक पदार्थ और मल-मूत्र नदियों और झीलों में बहाया जा रहा है जिसके कारण पर्यावरण का सन्तुलन बिगड़ रहा है। यह सीवेज अपने साथ माईक्रोबियाल पेथोजिन लाता है जिसके कारण से रोग फैलते हैं।

न्यूट्रियेन्ट (Nutrient)

घर का कूड़ा और औद्यौगिक इकाइयों से पैदा होने वाली गन्दगी, जिसमें फास्फोरस और नाइट्रोजन उर्वरक सम्मिलित हैं, नदियों मे बहाया जाता है। फास्फोरस व नाईट्रोजन जैसे तत्वों के पानी में मौजूद होने के कारण इसकी उर्वरता तो बढ़ जाती है किंतु ऐसा पानी पीने लायक नहीं होता।

सिंथेटिक आर्गनिक (Synthetic organic)

औद्यौगिक रसायन और कीटनाशक जब मछलियों में जज्ब हो जाते

हैं तो मानव स्वास्थ्य पर बहुत बुरा प्रभाव डालते हैं चूँकि इन मछलियों को मानव खाता है और इनके मछलियों के खाने से मानव प्रभावित होता है। जहाँ कीटनाशक का प्रयोग अधिक होता है वहाँ जमीन के अन्दर पानी प्रदूषित हो जाता है और यह प्रदूषण पीने के पानी तक बड़ी आसानी से पहुँच जाता है।

अम्लीयता (Acidification)

ऊर्जा संयंत्रों व भारी संयंत्रों जैसे कि इस्पात या मोटरयान के कारखानों से निकलने वाला खतरनाक रसायन सल्फर डाई ऑक्साईड झीलों व नदियों

मे बहा दिया जाता है जिससे झीलें अम्लीय हो रही हैं। अमेरिका में इस तरह की समस्या बहुतायत में पायी जाती है।

पीने के पानी में रसायन

पीने के पानी में दो प्रकार के रसायन पाये जाते हैं। एक तो प्राकृतिक और दूसरे बाहर से शामिल किये गये। इन दोनों का दुष्प्रभाव स्वास्थ्य के लिए बहुत खतरनाक हो सकता है।

फ्लोराइड (Fluoride)

फ्लोराइड का पीने के पानी में होना बहुत आवश्यक है क्योंकि इससे दाँतों और हड्डियों दोनों को मजबूती प्राप्त होती है। अगर फ्लोराइड अधिक मात्रा में है तो इसका मानव स्वास्थ्य पर बुरा प्रभाव पड़ेगा। भारत में अधिक फ्लोराइड राजस्थान के पानी में पाया जाता है। इसीलिए यहाँ के लोगों के दाँत पीले पाये जाते हैं।

आर्सेनिक (Arsenic)

पानी में आर्सेनिक का अधिक मात्रा में पाया जाना मानव स्वास्थ्य पर बुरा प्रभाव डाल सकता है। कुछ साल पहले पश्चिमी बंगाल में पीने के पानी में आर्सेनिक ज्यादा मात्रा में पाया गया। जिसकी वजह से वहाँ के ज्यादातर लोग त्वचारोग से परेशान थे।

पेट्रोकेमिकल्स (Petro Chemicals)

जमीन के अन्दर पेट्रोलियम खनन के कारण जमीन के अन्दर जो पानी होता है उसमें प्रदूषण फैल जाता है।

भारी धातु

जमीन के अंदर पायी जाने वाली भारी धातुएँ भी जमीन के अंदर सुरक्षित पीने के पानी को दूषित कर देती हैं।

रोग (Disease)

पानी से पैदा होने वाले रोग जो कि Water borne disease कहलाती हैं पानी के दूषित होने के कारण ही फैलते हैं। जैसे हेप्पटाइटिस, कालरा, दस्त, टाइफाइड आदि Water borne disease की बीमारिया हैं जो कि क्षेत्र में तमाम आबादी को प्रभावित करती हैं।

पेस्टीसाइड (Pesticide)

Pesticide में Organophosphate पाये जाते हैं जो मानव के दिमागी सन्तुलन को बिगाड़ देते हैं। इससे कैंसर जैसी भयानक बीमारी हो सकती है।

फ्लोराइड

पानी में अधिक फ्लोराइड होने से दाँत पीले पड़ जाते हैं और मेरुदंड पर भी इसका बुरा असर पड़ता है।

नाईट्रेट्स (Nitrates)

पीने के पानी में नाइट्रेट्स छोटे बच्चों को नुकसान पहुँचाता है। बच्चे के दूध को हल्का करने के लिये यदि नाइट्रेट से दूषित पानी मिलाया जाय तो इस दूषित दूध को पीने से बच्चे को Blue Baby Syndrome हो सकता है, जिससे बच्चे की मौत भी हो सकती है।

पेट्रोकेमिकल्स (Petrochemicals)

Benzine और दूसरे पेट्रोकेमिकल्स के कारण कैन्सर हो सकता है।

क्लोरीनेटेड साल्वेन्ट (Chlorinated solvent)

इसकी वजह से Reproductive System Disorder हो सकता है।

अन्य भारी धातुएँ

इनकी वजह से Nervous system और Kidney दोनों ही खत्म हो जाते हैं और मेटाबोलिक सिस्टम भी बिगड़ जाता है। जिससे इन्सान की मौत भी हो सकती है।

प्रदूषित पानी की रोकथाम

पानी से फैलने वाली बीमारीयों को रोकने के लिये लोगों को चाहिए कि समय-समय पर पानी की जाँच करवायें। अगर पानी प्रदूषित है तो उसे साफ करवायें। पानी को उबाल कर पीयें जब तक कि साफ पानी उपलब्ध न हो।

वायु प्रदूषण और मानव जीवन

प्रदूषण इन्सानी सेहत के लिए एक बहुत बड़ी समस्या बनता जा रहा है। उसके बहुत से कारण हैं। हवा में प्रदूषण का एक कारण कुदरती जरिया है उड़ती हुई धूल। कारखानों के परिचालन या जंगल की आग से तमाम किस्म के हानिकारण कण हवा में दाखिल हो जाते हैं, जिनसे पर्यावरण में प्रदूषण फैलता रहता है। जब जंगल में आग लगती है तो उससे जंगल जल कर राख हो जाते हैं और यही राख जब हवा में दाखिल होती है तो प्रदूषण फैलाती है। दूसरी सबसे बड़ी वजह आबादी का बढ़ना और लोगों का खाने-पीने और आने-जाने के लिए साधन उपलब्ध करवाना है जिसकी वजह से स्कूटर,

कारों और उनके उद्योगों का बढ़ना, थर्मल पावर प्लाण्ट का बढ़ना, कारों की रफ्तार का बढ़ना, प्राकृतिक पर्यावरण में बदलाव का होना है।

आबादी बढ़ने से प्रदूषण भी काफी तेजी से बढ़ रहा है। प्रदूषण चाहे पानी की वजह से हो या हवा की वजह से, इसने इन्सान के स्वास्थ्य को तबाह कर दिया है। इस प्रदूषण की वजह से किसी को कैंसर है तो किसी

को शुगर या हृदय रोग। जब आबादी बढ़ती है तो यह आवश्यक है कि मानवीय जरूरतें पूरी की जायें।

प्रदूषण की खास तौर पर तीन किस्में होती हैं। जल प्रदूषण, वायू प्रदूषण और ध्वनि प्रदूषण। लेकिन हम यहाँ पर वायू प्रदूषण और मानव जीवन के बारे में बताना चाहेंगे।

वायू प्रदूषण एक ऐसा प्रदूषण है जिसके कारण रोज ब रोज मानव स्वास्थ्य खराब होता चला जा रहा है, और पर्यावरण के ऊपर भी इस का बहुत बुरा प्रभाव पड़ रहा है। यह प्रदूषण ओजोन की परत को पतला करने में मुख्य भूमिका निभा रहा है, जिसकी वजह से जैसे ही आप घर के बाहर कदम रखेंगे आप मसहूस करेंगे कि हवा किस कदर प्रदूषित हो चुकी है। धुएँ के बादलों को बसों, स्कूटरों, कारों, कारखानों की चिमनियों से निकलता हुआ देख सकते हैं। थर्मल पावर प्लांटस से निकलने वाली फ्लाई ऐश (हवा में बिखरे राख के कण) किस कदर हवा को प्रदूषित कर रहा है, कारों की गति रोड पर किस कदर प्रदूषण को बढ़ा रही है। सिगरेट का धुआँ भी हवा को प्रदूषित करने में पीछे नहीं है।

वायू प्रदूषण के कारण

जहाँ पर वायू को प्रदूषित करने वाले प्रदूषक ज्यादा हो जाते हैं, वहाँ पर आँखों में जलन, छाती में जकड़न और खाँसी आना एक आम बात है। कुछ लोग इसको महसूस करते हैं और कुछ लोग इसको महसूस नहीं करते। लेकिन इसकी वजह से साँस फूलने लगती है। अन्जायना (एक हृदयरोग) या अस्थमा (फेफड़ों का एक रोग), या अचानक सेहत खराब होना भी वायू प्रदूषण की निशानी है। जैसे जैसे वायु में प्रदूषण खत्म होने लगता है स्वास्थ्य ठीक हो जाता है। कुछ लोग बहुत ही नाजुक होते हैं जिनके ऊपर वायु प्रदूषण का प्रभाव बहुत तेज हो जाता है और कुछ लोगों पर अधिक देर से होता है। बच्चे बड़ों की तुलना में अधिक नाजुक होते हैं इसलिए उनके ऊपर वायु प्रदूषण का प्रभाव अधिक पड़ता है। और वो बीमार पड़ जाते हैं। जिसकी वजह से बच्चों में वरम और ब्राकाइटिस (Bronchitis) जैसी बीमारियाँ हो जाती हैं। अधिक वायु प्रदूषण के समय बच्चों को घरों में ही रखना चाहिए, जिससे उनको वायु प्रदूषण से बचाया जा सके।

वायु प्रदूषण और उसकी बुनियाद

कार्बन मोनो ऑक्साइडः यह एक अधजला कार्बन है जोकि पेट्रोल डीजल ईंधन और लकड़ी के जलने से पैदा होता है। यह सिगरेट से भी पैदा होता है। यह आक्सीजन में कमी पैदा करता है जिससे हम अपनी नींद में परेशानी महसूस करते हैं।

कार्बन डाई ऑक्साइडः यह एक ग्रीन हाउस गैस है। जब मानव कोयला आइल और प्राकृतिक गैस को जलाता है तो इन सबके जलने से कार्बन डाई ऑक्साइड गैस पैदा होती है।

क्लोरो-फ्लोरो कार्बनः यह ओजोन को नष्ट करने वाला एक रसायन है। जब इसको एअर कन्डीशनिंग और रेफ्रीजेरेटर के लिए उपयोग किया जाता है तब इसके कण हवा से मिल कर हमारे वायुमंडल के समताप मण्डल (stratosphere) तक पहुँच जाते हैं और दूसरी गैसों से मिलकर ओजोन परत को हानि पहुँचाते हैं। यही ओजोन परत जमीन पर जीव-जंतुओं तथा वनस्पतियों को सूर्य की नुकसान पहुँचाने वाली पराबैंगनी किरणों (Ultravoilet rays) से बचाती है। यही कारण है कि क्लोरो-फ्लोरो कार्बन मनुष्य और अन्य जैविक जगत के लिए बहुत बड़ा खतरा है।

सीसा (Lead) : सीसा डीजल, पेट्रोल, बैटरी, पेंट और हेयर डाई आदि में पाया जाता है। लेड खासतौर से बच्चों को प्रभावित करता है। इससे दिमाग और पेट की क्रिया खराब हो जाती है। इससे कैंसर भी हो सकता है।

ओजोन (Ozone) : ओजोन लेयर वायुमंडल में समताप मण्डल (stratosphere) की सबसे ऊपरी परत है। यह एक खास और अहम गैस है। इसका काम सूरज की हानि पहुँचाने वाली पराबैंगनी किरणों को भूमि की सतह पर आने से रोकना है। फिर भी यह जमीनी सतह पर बहुत ज्यादा दूषित है और जहरीली भी है। कल-कराखानों से ओजोन काफी तादाद में निकलती है। ओजोन से आँखों में पानी आता है और जलन होती है।

नाइट्रोजन ऑक्साइड : इसकी वजह से धुँध और अम्लीय वर्षा होती है। यह गैस पेट्रोल, डीजल और कोयला के जलने से पैदा होती है। इससे बच्चों में बहुत से प्रकार के रोग हो जाते हैं जोकि सर्दियों में आम होते हैं।

निलंबित अभिकणीय पदार्थ (Suspended Particulate Matter : SPM) : यह हवा में ठोस, धुएँ, धूल के कण के रूप में होते हैं जो एक खास समय तक हवा में रहते हैं। जिसकी वजह से फेफड़ों को हानि पहुँचता है और साँस लेने में परेशानी होती है।

सल्फर डाई ऑक्साइड : जब कोयला को थर्मल पावर प्लान्ट में जलाया जाता है तो उससे जो गैस निकलती है वो सल्फर डाई ऑक्साइड गैस होती है। धातु को गलाने और कागज को तैयार करने में निकलने वाली गैसों में भी सल्फर डाई ऑक्साइड होती है। यह गैस धुँध पैदा करने और अम्लीय वर्षा में बहुत ज्यादा सहायक है। सल्फर डाई ऑक्साइड की वजह से फेफड़ों की बीमारियाँ हो जाती हैं।

वायू प्रदूषण से कैसे बचें

1. अपने घर के लोगों को पास के बाजार जाने के लिए न कहें। सरकार को ऐसी नीतियाँ बनानी चाहिए कि कर्मचारी घर पर ही बैठ कर काम करें। एक सप्ताह में सिर्फ एक दिन ही कार्यालय जायें। और अब सूचना तकनीक के आ जाने से यह संभव भी है। उदाहरण के तौर पर अमेरिका के कॉरपोरेट सेक्टर में काम करने वाले 35% लोग सप्ताह में केवल एक दिन कार्यालय जाते हैं। बाकी काम घर पर बैठ कर करते हैं। जिससे उनका आने-जाने का खर्च भी नहीं होता और वायु में प्रदूषण भी नहीं बढ़ता। आने जाने में जो वक्त लगता है उसका इस्तेमाल वे लोग दूसरे कामों में करते हैं। जैसे- बागवानी।

2. अधिक से अधिक साइकिल का इस्तेमाल करें।

3. सार्वजनिक परिवहन का उपयोग करें।

4. बच्चों को कार से स्कूल न छोड़ें बल्कि उनको स्कूल ट्रांसपोट में जाने के लिए प्रोत्साहित करें।

5. अपने घर के लोगों को कारपूल बनाने के लिए कहें जिससे कि वो एक ही कार में बैठ कर कार्यालय जायें। इससे ईंधन भी बचेगा और प्रदूषण भी कम होगा।

6. अपने घरों के आसपास के पेड़-पौधों की देखभाल ठीक से करें।

7. जब जरूरत न हो बिजली का इस्तेमाल न करें।

8. जिस कमरे में कूलर पंखा या एअर कन्डीशन जरूरी हो, वहीं चलाएँ, बाकी जगह बंद रखें।

9. आपके बगीचे में सूखी पत्तियाँ हों तो उन्हें जलाए नहीं, बल्कि उसकी खाद बनायें।

10. अपनी कार का प्रदूषण हर तीन महीने के अन्तराल पर चैक करवाएँ।

11. केवल सीसामुक्त पेट्रोल का इस्तेमाल करें। बाहर के मुकाबले घरों में प्रदूषण का प्रभाव कम होता है इसलिए जब प्रदूषण अधिक हो तो घरों के अंदर चले जाएँ।

ध्वनि प्रदूषण और मानव स्वास्थ्य

बढ़ती आबादी से उत्पन्न होने वाली समस्या को हल करने में विज्ञान की अहम भूमिका हो सकती है। प्रदूषण वायु, पानी और ध्वनि तीनों माध्यम से फैलता है। हम यहाँ ध्वनि प्रदूषण पर चर्चा करेंगे। यह मानव जनित प्रदूषण है। इसने पर्यावरण को बुरी तरह प्रभावित किया है। मुख्यत: यातायात के साधन, जैसे हवाई जहाज, रेल, ट्रक बस या निजीवाहन आदि, इस तरह के प्रदूषण फैलाते हैं। इनके अतिरिक्त फैक्ट्रियाँ, तेज ध्वनि वाले लाउडस्पीकर, निर्माण कार्य आदि से भी ध्वनि प्रदूषण फैलता है।

ध्वनि प्रदूषण के साधन

सड़क पर चलने वाली गाड़ियों से ध्वनि प्रदूषण बहुत अधिक होता है। जब कई गाड़ियाँ एक साथ चलती हैं तो उनके इंजन व हॉर्न से निकलने वाला शोर ध्वनि को प्रदूषित कर देता है। जिसका पर्यावरण पर बहुत बुरा प्रभाव पड़ता है।

हवाई जहज से ध्वनि प्रदूषण

किसी भी किस्म के हवाई जहाज से भिन्न प्रकार से ध्वनि प्रदूषण फैलता है। एक तो हवाई जहाज जब उड़ने के लिए दौड़ता है। दूसरा जब उड़ रहा होता है। तीसरा जब जमीन पर उतरने  वाला होता है। एक खास बात यह है कि जब हवाई जहाज जमीन पर उतरने वाला होता है तो उसका शोर एअरपोर्ट के 100 वर्ग किलोमीटर तक के पर्यावरण को प्रदूषित कर देता है। हवाई जहाज से उत्पन्न होने वाला प्रदूषण पर्यावरण प्रदूषण का दूसरा प्रमुख कारक माना जाता है। जब हवाई जहाज उड़ने को होता है तो उसकी ध्वनि अधिक होती है।

नये शहर की प्लानिंग

जिन शहरों की प्लानिंग ठीक नहीं होती है उनकी प्लानिंग दोबारा की जाती है जिसमें अधिक तोड़-फोड़ होती है। जिसके कारण ध्वनि प्रदूषण अधिक बढ़ जाता है। फैक्ट्रियाँ बनती हैं फिर फैक्ट्रियों में काम करने वालों

के लिए मकान बनाये जाते हैं, इसके कारण से भी पर्यावरण में ध्वनि प्रदूषण फैलता है।

मनोरंजन से ध्वनि प्रदूषण : आजकल ऐसा देखा जा रहा है कि जरा सी कोई प्रसन्नता का मौका आता है कि लोग इतने खुश हो जाते हैं कि काफी देर तक पटाखे चलाते रहते हैं। या घर में धार्मिक अवसरों पर आतिशबाजी करते हैं या घरों में जागरण वगैरह करते हैं, जिनके कारण ध्वनि प्रदूषण बढ़ता जा रहा है। यही ध्वनि प्रदूषण शुगर और उच्च रक्तताप के रोगियों को काफी नुकसान पहुँचाता है। इससे उनकी मृत्यु भी हो सकती है।

ध्वनि प्रदूषण से मानव स्वास्थ्य को खतरा

बहुत तेज ध्वनि कान के पर्दों को हानि पहुँचा सकती है। कान के अन्दर जो हेअर सेल्स होते हैं वो पूरी तरह खत्म हो सकते हैं और कान से सुनाई देना बन्द हो सकता है। ध्वनि से दिल की धड़कन कम हो जाती है और ब्लड प्रेशर की शिकायत हो सकती है। हाल की रिपोर्ट से यह पता चला है कि बहुत अधिक शोरगुल मानव का खून गाढ़ा कर सकता है जिसके कारण हार्ट अटैक का खतरा बढ़ जाता है। दूसरी तरफ खून का दबाव बढ़ सकता है। जिसकी कारण हाई ब्लड प्रेशर की शिकायत भी हो सकती है।

पर्यावरण

ध्वनि प्रदूषण पशुओं के लिए भी खतरनाक साबित होता है। अधिक ध्वनि प्रदूषण के कारण जानवरों के प्राकृतिक रहन-सहन में भी बाधा उत्पन्न होती है। उनके खाने-पीने, आने-जाने और उनकी प्रजनन क्षमता और आदत में बदलाव आने लगता है। सेनाओं के अभ्यास से उत्पन्न होनेवाले शोर से चोंचदार व्हेलों की प्रजाति अब लुप्त होने के कगार पर है।

औद्योगिक ध्वनि

आज कल क्या हो रहा है कि लोगों ने रिहायशी इलाकों में उद्योग लगाये हुए हैं और यह सिलसिला बढ़ता ही चला जा रहा है। इसके अलावा इन्डस्ट्रीज में कल-पुर्जे पुराने हो चुके हैं जिसके कारण से इन्डस्ट्रीज के अन्दर मशीनों की ध्वनि अधिक बढ़ चुकी है। इसी कारण रिहायशी इलाकों में ध्वनि प्रदूषण बढ़ना स्वाभाविक है। ध्वनि प्रदूषण के कारण आजकल

लोगों में बहरेपन की शिकायत बढ़ती जा रही है।

ध्वनि प्रदूषण कैसे कम की जाये

1. गाड़ियों की गति कम की जाये।

2. सड़कों की मरम्मत की जाये।

3. बड़ी-बड़ी गाड़ियों का भीड़-भाड़ वाले इलाके में जाना बन्द किया जाये।

4. ट्रैफिक के कानून का पाबन्दी से पालन हो और हॉर्न बार-बार न बजायें।

5. इन्जन की एक खास अन्तराल पर ट्यूनिंग अवश्य करवायें जिससे इन्जन से ध्वनि अधिक न आये।

6. न अधिक ब्रेक लगायें और न बहुत अधिक एक्सीलेटर दबायें।

7. अधिक-से-अधिक पेड़ लगाये जायें जिनसे ध्वनि प्रदूषण कम करने में सहायता मिले।

8. हवाई जहाजों का रास्ता बदल दें और दिन के वक्त रनवे का इस्तेमाल करें।

9. उद्योगों से उत्पन्न होने वाली ध्वनि जहाँ तक हो सके कम करने की कोशिश होनी चाहिए। उदाहरण के तौर पर औद्योगिक मशीनों और औजारों को दोबारा डिजाइन किया जाये औद्योगिक इकाईयों को साउन्ड प्रूफ बनाया जाय और नई मशीनों का इस्तेमाल किया जाय। रिहायशी इलाकों में जो उद्योगिक इकाईयाँ हैं उनको वहाँ से हटाया जाय।

आर्सेनिक से पर्यावरण में प्रदूषण

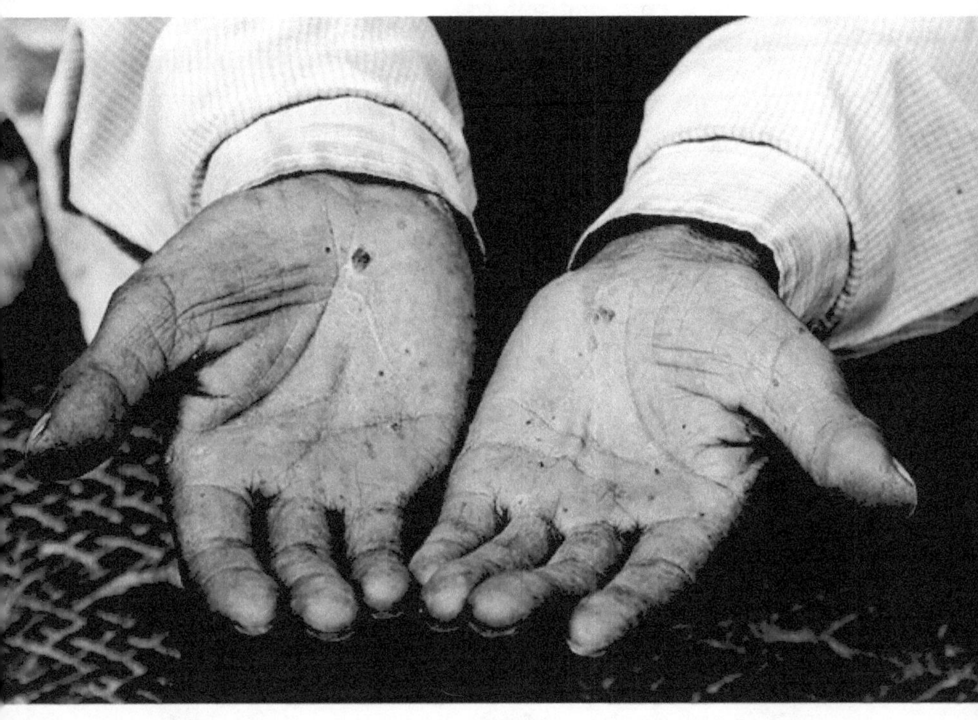

आर्सेनिक एक जहरीली धातु है। यदि इसका उपयोग अधिक मात्रा में किया जाय तो मानव शरीर को नुकसान पहुँचाती है। जैसे दिल, फेफड़े, गुर्दे, दिमाग और त्वचा इत्यादि में तरह-तरह के रोग पैदा हो जाते हैं। एक सर्वे से पता चला है कि बांग्लादेश के बहुत से ट्यूबेलों में बहुत अधिक आर्सेनिक होने के कारण पानी उपयोग के लायक नहीं है। एक लीटर पानी में आर्सेनिक की मात्रा 50 माइक्रोग्राम से किसी हालत में अधिक बढ़ना नहीं चाहिए। विगत 5 साल से बांग्लादेश के 64 जिलों में से 59 जिलों में लोग आर्सेनिक प्रदूषित पानी पी रहे हैं। उनके स्वास्थ व जीवन को बहुत बड़ा खतरा है। ये आँकड़े आधिकारिक नहीं है सच्चाई इससे भी भयानक

है। अब यह मामला बहुत संगीन हो गया है। बहुत से विशेषज्ञों का अनुमान है कि जमीन के अंदर पानी में जहर का प्रदूषण पिछले 25 साल या इससे भी पहले शुरू हुआ। चूँकि उस बारे में कोई तहकीकात नहीं की गयी, इसलिए अबतक इसका पता नहीं चल पाया। बांग्लादेश से जुड़े पश्चिमी बंगाल में सन् 1980 में पानी में आर्सेनिक पाये जाने का पता चला। बांग्लादेश के भूजल स्रोतों में आर्सेनिक के होने का कोई मुख्य कारण अभी तक नहीं मालूम हो सका है। हाँलाकि, हेल्थ इंजीनियरिंग विशेषज्ञ और ब्रिटिश ज्यालोजिकल सर्वे ने इस बारे में कुछ जाँच पड़ताल की। अधिकतर लोगों का ख्याल है कि जमीन के अन्दर होने वाले रासायनिक परिवर्तन के कारण यह हालत उस वक्त पैदा हुई जब आर्सेनिक के अंश आरसिनो पायरेटिश की सतह से टूट कर पानी में मिल गये। फिर बड़ी तादाद में हैन्डपम्प और ट्यूबवेल लगाने में ऑक्सीजन के कम्पाउन्ड के प्रयोग से आर्सेनिक के कण पानी में दाखिल हो गये। कुछ विशेषज्ञों का मानना है कि हिमालय के पूर्वी ढाल पर चट्टानों के बनने से जो रासायनिक प्रभाव हुए, इसी कारण से जमीन में यह बदलाव हुए। बहरहाल, अभी तक कोई बात दावे के साथ नहीं कही जा सकती है।

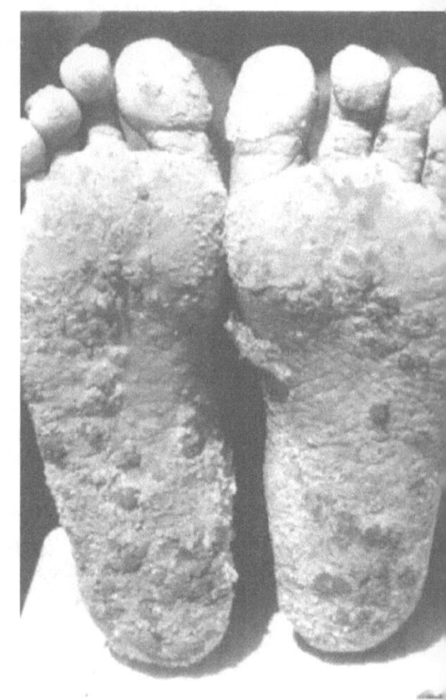

मानव पर आर्सेनिक का प्रभाव प्रदूषित पानी मे इसकी मात्रा पर निर्भर है और इसलिये उनका बहुत जल्दी पता भी नहीं चल पाता। बदन और त्वचा के प्रभाव कभी-कभी 5, 10 साल में नजर आते हैं। यानी मात्रा की कमी व बेशी इस जहर के प्रभाव में खास अहमियत रखती है। आर्सेनिक का प्रभाव पानी पीने के बाद खून में मिल जाता है और इसका सबसे दुष्प्रभाव गर्भवती महिलाओं के गर्भ पर पड़ता है। बच्चे का विकास रुक जाता है।

इन महिलाओं का दूध पीने से बच्चों के स्वास्थ पर बुरा प्रभाव पड़ता है। अभी तक आर्सेनिक के जहर का कोई इलाज पता नहीं चला हैं। बांग्लादेश में एन्टीऑक्सीडेन्ट दवाएँ और विटामिन्स इसके इलाज के लिए उपयोग में लायी गई हैं। जिनके बारे में निम्नलिखित सूचनाएँ मौजूद हैं।

आर्सेनिक के जहरीले प्रभाव के कारण

अगर किसी व्यक्ति ने अधिक आर्सेनिक का उपयोग कर लिया है तो सबसे पहले उसकी त्वचा का रंग बदल जायेगा और त्वचा का रंग बदलने पर सफेद और गहरे काले धब्बे नजर आयेंगे। खास कर हाथ की हथेलियों और पैरों के तलवों पर। शरीर के दूसरे हिस्सों की त्वचा खुरदरी नजर आयेगी। व्यक्ति कमजोरी महसूस करेगा। साँस लेने में परेशानी होगी और वो शुगर, हाई ब्लडप्रेसर का शिकार हो सकता है। आर्सेनिक का जहर प्रदूषित पानी के पीने और जहरीली हवा में साँस लेने की कारण फैलता है।

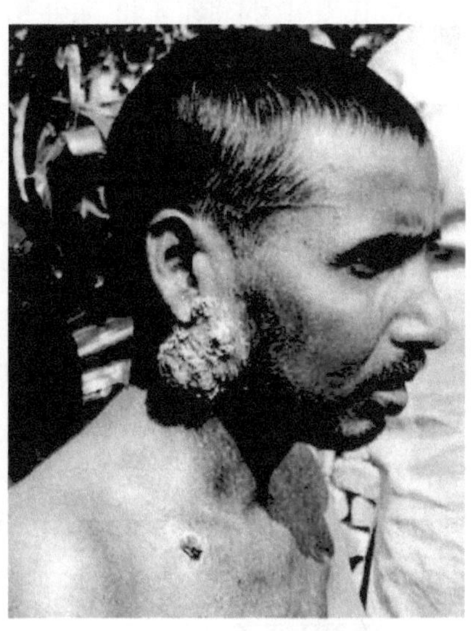

आर्सेनिक के प्रदूषण से समाज में महिलाओं के साथ भेदभाव

बांग्लादेश की आर्सेनिक कन्ट्रोल सोसाइटी थाना चराघाट जिला राजशाही ने एक सर्वे से यह पता लगाया कि आर्सेनिक से प्रभावित महिलाओं को समाज अलग-थलग रखता है। उदाहरण के तौर पर नई उमर की लड़कियाँ स्कूल नहीं जा सकतीं। शादी-शुदा औरतों को तलाक देने के उदाहरण मिलते हैं। इस कारण परिवारों और खानदानों में अच्छे सम्बन्ध नहीं रहते।

चूँकि महिलाओं को पुरुषों के मुकाबिल कपड़े धोने, खाना पकाने और सफाई के लिए पानी से अधिक वास्ता पड़ता है इसके लिए इन्हे आर्सेनिक प्रदूषित पानी के नुकसान उठाना पड़ते हैं। खासकर देहातों में जहाँ पानी मिलने के साधन कम होते हैं।

बचाव कैसे करें

कुएँ के पानी को उबालने से आर्सेनिक तो खत्म नहीं होती। अलबत्ता बहुत से रोगों का इलाज हो जाता है, क्योंकि रोगों के बैक्टिरीया मर जाते हैं। आर्सेनिक का पता पानी के रंग, स्वाद या साफ सतह बदल जाने से नहीं चलता, इसके लिए जरूरी है कि पानी के नमूने की जाँच प्रयोगशाला में की जाये। बांग्लादेश के भिन्न-भिन्न इलाकों की मात्रा अलग-अलग है। आमतौर पर 50-100 फुट तक के गहरे ट्यूबवेल के पानी में अधिक आर्सेनिक पायी जाती है। बारिश का पानी कुदरती तौर पर आर्सेनिक से मुक्त होता है और इसमें बीमारी के कीटाणु नहीं पाये जाते। इसलिए अगर इसे ठीक से जमाकर लिया जाये तो साफ-सुथरा पीने के पानी का इन्तजाम हो सकता है, मगर इसमें बीमारियों के कीटाणु होते हैं इसलिए इसको अच्छी तरह से उबाल कर पीने और खाना पकाने के लिए उपयोग करना चाहिये। आजकल अलग-अलग प्रकार के फिल्टर बाजारों में मिलते हैं, जिनसे पानी से आर्सेनिक को छान कर साफ किया जा सकता है। इस सिलसिले में सरकार और कुछ सलाहकारों ने साफ, पानी सप्लाई करने के प्रोजेक्ट शुरू किये हैं जहाँ बारिश का पानी जमा किया जाता है और जमीन से पानी साफ सुथरी इमारतों में इकठ्ठा किये जाते है। पानी के छानने और उसे रसायनिक तरीकों से साफ करने के प्रबंध किये जाते हैं।

आर्सेनिक के प्रदूषण की समस्या खतरनाक रूप ले चुकी है। इसके लिए जरूरी है कि डॉक्टर, सामाजिक कार्यकर्ता, इन्जीनियर, भू-रसायनशास्त्री और इस दिशा में कार्यरत दूसरी संस्थाएँ मिल-जुलकर मुहिम चलायें ताकि इस बड़ी मुसीबत से आम लोगों को निजात मिलें।

प्रकाश से प्रदूषण

प्रकाश का प्रदूषण रात के समय आसमान पर दिखने वाली चमक–दमक को कहते हैं। प्रकाश का प्रदूषण हमारे घरों में दरवाजों और खिड़कियों के जरिये बाहर सड़कों पर लगे हुए बिजली के खम्बों और लेम्पों से भी घुस आता है। जो मौजूदा जिन्दगी में अनिवार्य और जरूरी चीज बन जाता है। इसतरह का प्रदूषण पर्यावरण में प्रकाश की वजह से लगातार बढ़ रहा है। इसको रोकने या कम करने का तरीका यही है कि बिजली या रोशनी का उपयोग जरूरत पड़ने पर ही किया जाये। प्रकाश का प्रदूषण तीन तरह से फैलता है।

1. आसमान की चमक-दमक लालिमा से

2. घरों के अन्दर और बाहर से आने वाला प्रकाश। चौंधिया देने वाला तेज प्रकाश।

3. लगातार निकलने वाली आसमान की चमक-दमक या लालिमा।

प्राकृतिक रूप से पाँच तरह के प्रकाश प्रदूषण होते हैं-

1. प्रकाश का प्रदूषण चाँद और सूरज पर निर्भर करता है।

2. सुबह के वक्त मध्यम मगर स्थाई लालिमा।

3. वातावरण में फैली हुई रोशनी।

4. सुदूर स्थित सितारों से आने वाली रोशनी।

5. कुछ प्राकृतिक गैसों और चमकदार पदार्थों से झलकती हुई धुंधली रोशनी।

इन सब प्राकृतिक कारकों से आने वाली रोशनी की वजह से आसमान पर रात के वक्त तमतमाती हुई लालिमा या दमक हमे नजर आती है इसी के साथ ही मानवीय कारणों से भी यह लालिमा या चमक आसमान पर दिखाई देती है। बिजली की रोशनी जमीन से ऊपर की तरफ जाती है और अपने साथ मिट्टी व गुबार के जरिये और गैस के कण भी वातावरण में फैलाती जाती है, जिसके नतीजे में वहाँ चमक-दमक पैदा हो जाती है जिसकी वजह से अक्सर बहुत से सितारे हमारी नजर से ओझल रहते हैं। वातावरण में गैस के कणों की मात्रा अधिक हो जाने से धुंध छा जाती है जिससे खगोलविदों को प्रेक्षण में बाधा आती है। आसमान की चमक से वहाँ के प्रकाशित हिस्से और ज्यादा रोशन हो जाते हैं जिससे कम प्रकाश वाले तारे ठीक से प्रेक्षकों को दिखाई नहीं देते। इसीलिये खगोलविद साफ और सुहाने मौसम की रातों को पसंद करते हैं जिसमें वो अपना काम आसानी से कर सकें। रात के वक्त चमक दमक वाला आसमान कुदरती हालत वाले आसमान से 5-10 गुना प्रकाशमान होता है। बल्कि कुछ केंद्रों पर तो वो 25 से लेकर 50 गुना ज्यादा

चमकदार पाया गया है। आसमान की इस चमक दमक या लालिमा में बराबर बढ़ोत्तरी हो रही है। चुनांचे फ्लेग स्टाफ अरिजोना की मार्स हल लेबारेटरी के अनुमान के अनुसार सन् 1976 और सन् 1988 के बीच में आसमान की चमक-दमक में 0.5 प्रतिशत की बढ़ोत्तरी हुई है। जिसका मतलब यह है कि कुछ तारे और आकाशीय पिंड नजर से इतना दूर हो जायेंगे कि इनकी पहचान बहुत मुश्किल हो जायेगी।

घरों के अन्दर और बाहर से घुस आने वाली रोशनी

इससे आशय यह है कि ऐसी रोशनी का निकास और फैलाव ऐसी जगह होना जहाँ इसकी जरूरत न हो। हाँलाकि, यह बताना या अन्दाजा लगाना बहुत मुश्किल है कि किसी खास जगह कितनी रोशनी जरूरी है और कितनी गैर जरूरी है। बाहर से घुस आने वाली रोशनी की सबसे अच्छी मिसाल सड़कों पर स्ट्रीट लाइट या फिल्ड लाइट ट्यूब हैं जिनकी रोशनी खिड़कियों और दरवाजों से घुसकर घरों के बहुत से हिस्सों को रोशन कर देती है।

चकाचौंध करने वाली रोशनी

यह एक दृष्टि संबंधी अनुभव है जो बहुत ज्यादा और बर्दाश्त न हो सकने वाली तेज रोशनी से आँखों पर होता है। कई बार इससे नुकसान भी हो सकता है। मगर आमतौर पर इसका विपरीत असर महसूस होता है। आज की दुनिया में यह अपरिहार्य है। बुजुर्ग और कमजोर लोगों को इससे तकलीफ पहुँचती है। और उनकी आँखें इसे बर्दाश्त नहीं कर पातीं। तेज चौंधिया देने वाली रोशनी देखने की ताकत पर बुरा असर डालती है। वैसे भी एकदम से तेज रोशनी अच्छी नहीं लगती और इन्सान दर्द या उलझन महसूस करने लगता है। आज कल शहरों में सड़कों पर फील्डलाइट ट्यूब या खूब तेज रोशनी देने वाले बल्ब लगाये जाते हैं जिनकी वजह से परेशानी बढ़ती ही चली जा रही है। उससे बचने की सूरत नजर नही आती। सिनेमा हॉल, जल्सों, तकरीरों और चौंधिया देने वाली तेज रोशनी का रिवाज आम

हो चुका है और इस प्रदूषण के नुकसान का एहसास लोगों को नहीं है।

रोशनी का प्रदूषण वातावरण पर
किस तरह और क्या असर डालता है

यह एक हकीकत है कि तेज रोशनी जो घर के अन्दर या बाहर से घुस आती हो हर हाल में कुछ अरसा के बाद अपना असर दिखाती है बरसों के अन्वेषण से पता चला है कि घरों के अन्दर फ्लोरेसन्ट ट्यूब और तेज रोशनी से माइग्रेन, सिर दर्द, थकावट, चिड़चिड़ाहट जैसी शिकायत पैदा हो जाती है। घर के बाहर सड़कों पर पब्लिक इमारतों में रात के वक्त दुर्घटनाओं को रोकने के लिये खूब तेज रोशनी का इस्तेमाल किया जाता है। जिससे पर्यावरण में प्रदूषण बढ़ जाता है अनुभव और खोज से पता चला है कि ऐसी रोशनी से अपराध में कोई खास कमी तो नहीं आई अलबत्ता हर साल सिर्फ एक लाइट पर कई टन कोयला खर्च हो जाता है। अगर आप रात के वक्त आसमान की चमक-दमक की तरफ नजर करें तो आप को उसमें मध्यम रोशनी की धुंध भी दिखाई देगी। यही रोशनी के प्रदूषण का सबूत है। इस मसले पर सालों से खोज व अध्ययन का काम जारी है और रात के वक्त शहरों और देहातों के साफ आसमान की अलग-अलग तस्वीरें खींची जाती हैं जिससे मालूम होता है कि रात के वक्त रोशनी से कैसा प्रदूषण माहौल में घुल रहा है और यह बहुत ही खतरनाक समस्या है। इस तरह स्थाई तेज रोशनी के इन्तजाम से फसलों, दरखतों और जानवरों को जबरदस्त नुकसान हो सकता है। पौधों को बढ़ने और जिन्दा रहने के लिये अंधेरा और रोशनी दोनों ही की जरूरत पड़ती है अन्धेरा बीज को फूल में बदलने और पौधे को जिन्दगी देने में मदद देता है। रात के वक्त रोशनी की ज्यादती से घबरा कर चिड़िया खिड़कियों, मीनारों और वीरान इमारतों की तरफ उड़ कर जाने की कोशिश करती हैं।

रोशनी का दुष्प्रभाव मेढ़कों और रात के वक्त जागने वाले कीड़े-मकोड़ों की प्रजनन क्षमता पर भी पड़ता है। इन्सानी आँख को कुदरत ने

इतनी ताकत दी है कि वह मामूली रोशनी और उसके दबाव को बर्दाश्त कर लेती है मगर तेज और चौंधिया देने वाली रोशनी और उसकी ज्यादती उसको नुकसान पहुँचाती है। इससे देखने की क्षमता प्रभावित होती है। यह ऐसा खतरा है जो आने वाली नस्लों को और ज्यादा परेशान और प्रभावित करेगा। कुदरत ने जो साफ-स्वच्छ वातावरण मानव जीवन को कायम रखने के लिये बनाया है हमें उसकी हर कीमत पर हिफाजत करना चाहिए यह हमारा फर्ज है कि इस महत्वपूर्ण मुद्दे को हल करने का प्रयास करें।

एक जानी मानी समाजिक कार्यकर्ता ने लिखा है कि इस महत्वपूर्ण मुद्दे पर लोगों को ज्यादा जानकारी नहीं है। इसके संबंधी जरूरी जानकारी और उपाय बताने के लिए उन्होंने एक वेबसाइट बनाई है, जिससे लोग फायदा उठा सकते है। और यह जान सकते हैं कि रोशनी के प्रदूषण को कैसे कम किया जा सकता है।

तेज रोशनी एक कष्टदायक चीज है। रात के वक्त सुरक्षा और माहौल को ठीक रखने के लिये यह जरूरी भी है। रोशनी के प्रदूषण को आसानी से कम किया जा सकता है–

1. रोशनी (बिजली) की फिटिंग इस तरह की जाय कि उससे निकलने वाली रोशनी कम मात्रा में ऊपर की तरफ जाये।

2. बल्ब, ट्यूब वगैरह उचित जगहों और फासलों पर नीचे की तरफ झुका कर लगाये जायें।

3. रोशनी का इस्तेमाल कम-से-कम किया जाये।

4. गैर जरूरी रोशनी को बुझा दिया जाये। खासकर सजावट करने वाली रोशनी और इस्तेहारों के पोस्टरों और खेमों में देखा जाता है कि रात भर बल्ब जलते रहते हैं। यह गलत तरीका है। सुबह होने पर रोशनियों को गुल कर देना चाहिये।

खुशी की बात है कि रोशनी प्रदूषण के खिलाफ बहुत सी संस्था हरकत में आ गयी हैं। खास कर आसमान पर रोशनी के प्रदूषण के खिलाफ उनका कहना है कि आसमान पर ज्यादा अन्धेरा रहना चाहिये। शहरी महकमों,

लोकल सेल्फ कौंसिल और कार्पोरेशन रोशनी के डिजाइन बनाने वाले इन्जीनियरों को इस बात का एहसास हो रहा है कि रोशनी के प्रदूषण को कम करने की जरूरत है।

कानून बनाने की जरूरत

रोशनी के प्रदूषण को एक कानूनन अपराध करार देना चाहिए और इसे सख्ती से लागू किया जाना चाहिये।

वातावरण में नमक की वजह से प्रदूषण

क्या आप जानते हैं कि हमारे वातावरण में प्रदूषण फैलाने में नमक का बड़ा हाथ है, जो बराबर बढ़ रहा है। इसकी प्रमुख वजह मोटर गाड़ियों की तादाद, कारोबार और उपयोग में बेतहाशा इजाफा है जिसको ध्यान में रखकर और चलाने वालों के सुरक्षा की बुनियाद पर सर्दियों के मौसम में सड़को पर से बर्फ को हटाने और पिघलाने के लिए नमक का उपयोग आम तौर पर किया जाता है जिससे वातावरण में प्रदूषण बढ़ जाता है। नमक आसानी से सस्ते दामों पर हर जगह मिल जाता है। चट्टानी नमक को तरजीह दी जाती है क्योंकि वो कीमत में कम होने के साथ-साथ उपलब्ध भी ज्यादा होता है। इसका अन्दाजा इससे लगाया जा सकता है कि चट्टानी नमक 20 डालर

में एक टन मिलता है जबकि इसका स्थानापन्न कैल्शियम मैग्नीशियम एक टन 700 डालर में मिलता है। अमेरिका में हर साल बर्फ पिघलाने के लिये 10 मिलियन टन नमक की जरूरत पड़ती है और कनाडा को तीन मिलियन नमक की आवश्यकता पड़ती है। यह नमक सड़कों पर गिरी हुई और जमी हुई बर्फ को हटाने और पिघलाने के लिए बड़ी मात्रा में डाला जाता है। चूँकि नमकीन माहौल के पिघलने की दर नमक से कम होती है इसलिए वो जमी हुई बर्फ को पिघला देता है। नमक को उपयोग करने के प्रमुख कारण निम्न हैं।

1. कीमत के दृष्टिकोण से ये सबसे सस्ता होता है।

2. इसको सड़कों पर छिड़कना, डालना व फैलाना आसान होता है।

3. इसको स्टोर करना, निकालना और डालना आसान होता है।

4. नमक हर जगह आसानी से मिल जाता है।

5. इससे मानव त्वचा को किसी किस्म का नुकसान नहीं होता।

नमक की वजह से पानी (जिसमें भूगर्भ जल भी शामिल है) और भूमि में प्रदूषण फैलता है।

सड़कों पर जो नमक छिड़का जाता है वो मिट्टी में रिसकर भूजल में मिल जाता है। अनुमान है कि इस तरीके से नमक का 30 से 50 प्रतिशत हिस्सा जमीन के अन्दर चला जाता है और वहाँ के जल स्रोतों को क्लोराइड और सोडियम दोनों प्रभावित करते हैं। यह दो किस्म का होता है। एक तो पारदर्शक ठोस की तरह होता है और दूसरा तरल पदार्थ की शक्ल में। इनकी सामान्य मात्रा एक लीटर पानी में 10 मिली ग्राम होती है। लेकिन जिन मार्गों पर बर्फ हटाने के लिए नमक डाला जाता है उनके आस-पास के भूजल स्रोतों में यह मात्रा एक लीटर में 250 मिलीग्राम तक पहुँच गयी है। जिसकी वजह से पानी के गुण-धर्म में उल्लेखनीय परिवर्तन हुआ है।

भूजल में नमक की बढ़ी हुई मात्रा से हाई ब्लड प्रेशर और हाईपर टेन्शन जैसे रोग पैदा हो सकते हैं। दुनिया में सब जगह खासकर अमेरिका में इन रोगों से पीड़ित लोगों की तादाद बराबर बढ़ रही है। डाक्टरों की सलाह

है कि नमक का उपयोग कम-से-कम किया जाये और 20 मिली लीटर से ज्यादा नमक वाले पानी को न पिया जाये। टोरन्टो में प्राइवेट कुओं के पानी का जायजा लेने से पता चला है कि आधे से ज्यादा कुओं के पानी में नमक की मात्रा उससे कहीं ज्यादा है। यह 20 फीसदी कुँओं में एक लीटर पानी में 100 मिलीग्राम और 6 फीसदी में 250 मिलीग्राम तक पायी गयी है। सोडियम या क्लोराइड की अधिकता से मानव शरीर के अन्दर पानी का संतुलन भी बिगड़ जाता है। सड़क पर नमक के छिड़काव से साफ पानी के स्रोत जैसे नदी, झीलें, तालाब वगैरह भी प्रभावित होते हैं। इनमें सोडियम और क्लोराइड के कण भारी मात्रा में मिल कर पानी में पारा का प्रदूषण फैला देते हैं। जिसकी वजह से पानी का रासायनिक संगठन बदल जाता है और सेहत के लिए वो नुकसानदेय साबित हो सकता है। इस प्रदूषण का असर पानी के अन्दर जिन्दा रहने वाले मछलियों, घोंघों और कछुओं जैसे जीवों पर भी देखा जा रहा है। ताजा पानी से निकाले जाने वाली मछलियों की गंध और स्वाद में नमक की वजह से फर्क आ गया है। नमक की बढ़ी हुई मात्रा की वजह से मछली के शरीर में पानी कम पहुँचता है जिसकी वजह से मछली अपने बदन में ज्यादा पानी दाखिल करने की कोशिश करती है जिसकी वजह उसकी मौत भी हो सकती है। खास कर जब नमक की मात्रा ज्यादा हो जाये। उसी तरह पानी के अन्दर रहने वाले कीड़े-मकोड़े भी इस

प्रदूषण का शिकार हो सकते है। चूँकि यह पानी में रहने वाली बड़ी आबादी के भोजन के रूप में इस्तेमाल होते हैं इसलिये उनकी मौत और प्रदूषण भी इनके लिए खतरनाक साबित हो सकते हैं। यह अन्देशा जाहिर किया जा रहा है कि नमक के इजाफे की बजह से इन जीवों का 75 प्रतिशत हिस्सा जल्द ही प्रभावित हो सकता है। नमक के प्रदूषण से पानी के कीड़े, जिनकी पैदाईश यूँ ही कम होती है, इनकी तादाद रोज-ब-रोज घटती जा रही है जिसका असर मछलियों की पैदाइश और तादाद पर भी पड़ना स्वाभाविक है। भोजन और व्यसाय की दृष्टि से यह स्थिति सारी दुनिया के लिये सोचनीय है। पानी के साथ नमक से पैदा होने वाला प्रदूषण का असर स्थल पर भी देखा जा रहा है। जिस पर गौर करने की जरूरत है। मिट्टी की संरचना और जानवरों की सेहत भी इससे प्रभावित हो सकती है। सोडियम क्लोराइड की अधिकता से जमीन की सतह की बनावट में भी फर्क आ सकता है। जिसका असर इसकी पैदावार और उर्वरा शक्ति पर पड़ता है। सोडियम की अधिकता से जमीन बंजर हो जाती है। जिसकी वजह से जमीन की अम्लीयता 5.4 से बढ़कर 6.6 तक पहुँच जाती है। कहीं-कहीं जमीन की सतह पर नमक के पहाड़ जैसे बन जाते हैं जिनकी वजह से जमीन अर्द्रता कम होने लगती है और पानी की कमी होने लगती है। पानी की कमी की वजह से जमीन सख्त हो जाती है जिस पर खेती करना मुश्किल हो जाती है। इस प्रकार की भूमि पर की गई खेती से फसल भी प्रदूषित हो जाती है। नमक की ज्यादा मात्रा होने की वजह से फसल जल्द सूखने और खराब होने लगती है। दबाव ज्यादा होने की वजह से पौधों की जड़ें और पत्तियाँ मुरझाने लगती हैं। जब पौधे और बड़े होने लगते हैं तो नमक की अधिकता से होने वाला और स्पष्ट रूप में नजर आने लगता है। मसलन, पत्तियों का जल जाना, फूलों और कोपलों का गिर जाना, रंग खुशबू और हरियाली में कमी हो जाना। पौधे का तकरीबन 0.5 फीसदी हिस्सा नमक बन जाता है। पौधों के अलावा नमक का यह प्रदूषण पेट्रोल के लिये भी नुकसानदेय होता है। और उनकी वृद्धि पर खराब असर पड़ता है। सड़कों पर जमी बर्फ को हटाने और पिघलाने से जानवरों पर भी खराब असर होता है। हालांकि, ज्यादा नमक का मुकाबला करने की कुव्वत जानवरों में पेड़-पौधों के मुकाबिल ज्यादा होती है फिर

भी इस तरीके से उनके लिये खतरे बढ़ जाते हैं। हिरन, मोर और जंगल के शाकाहारी जानवर जो नमक चाटने के शौकीन होते हैं वो इस प्रदूषण से और ज्यादा प्रभावित होते हैं वो सड़कों के किनारे जमे नमकीन पानी को पीने के आदी हो जाते हैं। एक दिलचस्प बात और देखने में आई है कि नमक की अधिकता की वजह से वो निडर होने लगे हैं। वो आराम से मोटर कारों के बीच घूमा-फिरा करते हैं। देखा गया है कि सड़कों और उनके किनारों को नमक की तलाश में चाटते फिरते हैं। नमक की अधिकता की वजह से उन जानवरों को गुर्दे की समस्या, दिमाग सुन्न होना वगैरह बीमारियाँ होने लगी हैं। जिनमें से अक्सर उनकी मौत हो जाती है। खरगोश खासतौर पर उस प्रदूषण का शिकार होते हैं क्योंकि वो ज्यादा नमक चाटने से बाज नहीं आते। यही हाल पालतू जानवरों का है। मसलन, कुत्ते बिल्ली। जब वो घर से बाहर निकलते हैं तो उनके पैरों में नमक लग जाता है जिसको वो पैर साफ करते वक्त चाटते रहते हैं। इसप्रकार उनके पेट में नमक की काफी मात्रा पहुँच जाती है।

इन बातों से मालूम होता है कि सड़कों पर से बर्फ हटाने और पिघलाने के कितने बुरे असर, पानी, जमीन और जानवरों पर पड़ रहे हैं। अब इसकी बड़ी जरूरत है कि वातावरण पर इस प्रदूषण के दुष्प्रभाव का और ज्यादा अध्ययन किया जाये और उनको दूर करने की कोशिश की जाये।

नमक का प्रदूषण कैसे दूर किया जा सकता है

पानी से नमक को निकालना वक्त की अहम जरूरत है। इसके लिये इलेक्ट्रडस जिनमें बहुत बारीक रेशे लगे हों उनको उपयोग में लाया जा सकता है। जिसमें बिजली का खर्चा भी कम होता है और नमकीन पानी को पीने के लायक पानी में बदला जा सकता है।

सीसा जनित प्रदूषण

सीसा (लैड) पर्यावरण प्रदूषण का एक प्रमुख कारक है। सन् 1991 में अमेरिका में इसे पर्यावरण प्रदूषक कारकों में सबसे प्रमुख कारक माना। एक सर्वे के माध्यम से अमेरिका ने ये साबित कर दिया कि सीसा विभिन्न तरीकों से मानव जीवन को हानि पहुँचा रहा है और वातावरण को प्रदूषित कर रहा है। हवा, पानी मिट्टी, धूल के कण व पेंट आदि इन सबमें सीसा मौजूद रहता है और साँस के साथ फेफड़ों में पहुँच कर तरह-तरह की बीमारियाँ फैलाता है। पहले लोगों को इस बात का ज्ञान नहीं था कि पेंट,

गैसोलीन, पानी के पाइपों वगैरह में इस्तेमाल होने वाला सीसा इन्सान के स्वास्थ्य के लिये नुकसानदेय हैं। अमेरिका में पेंट में सीसा आमतौर पर इस्तेमाल किया जाता था। इसके दुष्प्रभाव का पता उस वक्त चला जब सीसा से बने हुए पेंट की सूखी सतह से सीसा के कण पाये गये।

मानव स्वास्थ पर सीसा का बुरा प्रभाव

सीसा मानव शरीर के हर हिस्से पर अपना प्रभाव डालता है। यदि मानव रक्त में 80 माइक्रोग्राम या उससे ज्यादा सीसा की मौजूद हो तो बेचैनी, दौरे की समस्या या यहाँ तक कि मौत का खतरा बढ़ जाता है। इससे कम सीसा की मौजूदगी से भी मानव स्वास्थ्य, खास कर गुर्दें और खून के Cell को नुकसान पहुँचाता है। यहाँ तक कि अगर खून में इसकी मात्रा 10

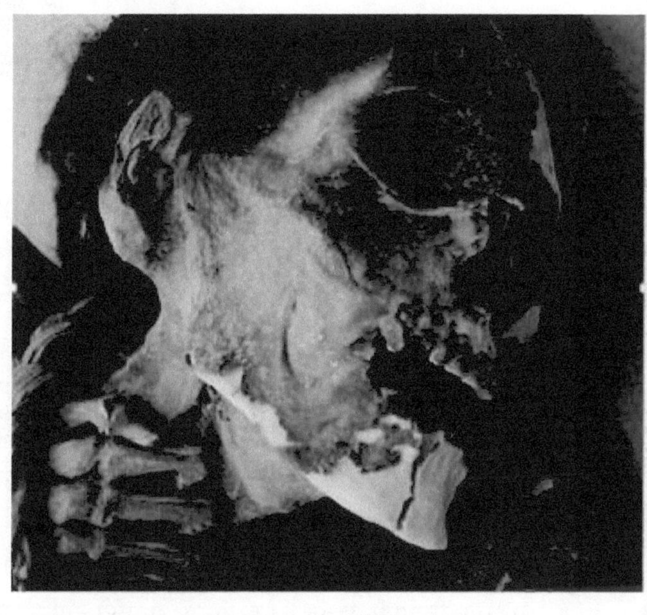

माईक्रोग्राम भी हो तो उससे मानसिक और शारीरिक विकास प्रभावित हो सकता है। सीसा और उसके कम्पाऊन्ड के उन खतरों की जानकारी Expert ने इकट्ठा की है। सीसा का बुरा असर गर्भ में बच्चों पर भी पड़ता है। इनकी देखभाल करते रहना जरूरी है। इन प्रभावों से बच्चों की मानसिक और शारीरिक विकास रुक जाता है। सोचने-समझने की ताकत कमजोर हो जाती है। इस बात को सुनिश्चत किया जाना चाहिये कि ऐसी जगहे जहाँ सीसा

के कण हों, जैसे खिड़की, घर के चौखटे या ऐसी जगहें जहाँ से सीसा के कण आसानी से हवा में फैल जायें, ऐसी जगहों पर सीसा वाले पेंट आदि का इस्तेमाल नहीं करना चाहिये और न ही ऐसे पेंट को दीवारों व खिड़कियों से

खुरच के छुड़ाना चाहिये। ऐसा करने से सीसा के कण हवा में फैल सकते हैं और वह साँस द्वारा शरीर के अंदर प्रवेश कर शरीर को हानि पहुँचा सकते हैं। घर में सीसा के कणों वाली धूल को घर में नहीं आने देना चाहिये। अगर आप इमारत गिराने या बनाने का काम या बैटरियों और बिजली के सामानों का कारोबार करते हैं तो आपकी नासमझी से आपके हाथ और कपड़ों के जरिये सीसा के कण आपके घर में आ सकते हैं। इसी तरह सीसा से प्रदूषित मिट्टी सड़कों और घरों के बाहर जमीन से जूतों के जरिये घरों के अन्दर दाखिल हो सकती है। इसी तरह उन मोटरों और ट्रकों से निकलने वाली गैस जिनमें सीसा मिला तेल या गैस इस्तेमाल किया जाता है, वातावरण में प्रदूषण फैलाती रहती हैं। इसलिये आपको चाहिये कि घरों में दाखिल होने से पहले पायदान पर जूते रगड़कर साफ कर लें और अपने कपड़े बदल लें। अपने बच्चों को आम मिट्टी की जगह रेतीली जगहों पर खेलने दीजिये क्योंकि आम मिट्टी के कण उनकी उंगलियों और खिलौनों में चिपक जाते हैं। जब बच्चे खेल कर घर में आये तो उनके हाथ खासतौर से धुलवाना चाहिए।

पीने के पानी में प्रदूषण

आमतौर पर कुएँ या शहर के जलाशयों में सीसा नहीं पाया जाता। अलबत्ता घर के अन्दर रंगों की फिटिंग और मरम्मत के दौरान पानी में सीसा के कण घुस जाते हैं। इसका पता लगाने के लिये पानी की जाँच करवाते रहना चाहिए।

पौष्टिक भोजन

बच्चों को कैल्शियम और लौह तत्वों युक्त खाना खिलाना चाहिए ताकि जैसे माँस, अन्डा, मटर, दूध, मक्खन आदि। खाने की चीजों को कभी सीसा के बर्तनों या बाहर से मँगाये हुए बर्तनों में नही रखना चाहिए क्योंकि उनमें सीसा होता है। इसी तरह छपी थौलियों में छपाई वाला हिस्सा ऊपर रखना चाहिए ताकि वो खाने-पीने से दूर रहें।

सावधानी

सरकार को चाहिये कि सीसा से फैलने वाले प्रदूषण से लोगों को जागरुक करने के लिये मुहिम चलाये। जिम्मेदार एजेंसियों व अधिकारियों को धन मुहैया कराये ताकि इस तरह के प्रदूषण से लड़ने के लिये कार्य योजना तैयार कर सकें और लोगों को सीसा के प्रदूषण से होने वाले खतरों से बचा सकें।

सिगरेट के द्वारा पर्यावरण में प्रदूषण

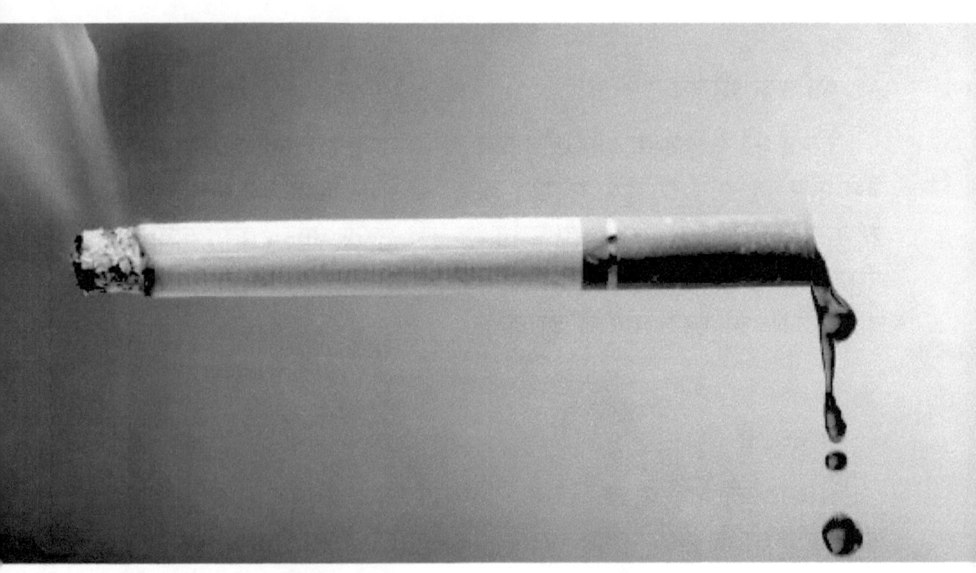

सिगरेट के जरिये पर्यावरण में बहुत ज्यादा प्रदूषण फैल रहा है क्योंकि इसमें इस्तेमाल होने वाले कागज और तम्बाकू का मिश्रण जल कर एक इस तरह का रासायनिक पदार्थ पैदा करता है, जैसा हानिकारक पदार्थ कूड़े, लकड़ी या कोयला के जलाने से पैदा होता है। और इनसे जो गैस और कण निकलते हैं उन्हें पार्टिकुलेट मैटर के नाम से जाना जाता है। सिगरेट के धुएँ में 4000 से अधिक रासायनिक तत्व शामिल होते हैं। जिनमें से 43 कैंसर फैलाने में सहायक होते हैं। उदाहरण के लिए निकोटीन, टार, कार्बन मोनो ऑक्साइड, अमोनिया, हाइड्रोजन, साइनाइड, आरसेनिक और यू डी टी। निकोटीन बड़ी नशीली होती है और सिगरेट के धुएँ के जरिये इंसान के फेफड़ों और दिमाग के अंदर 6 सेकंड में पहुँच जाती है।

तम्बाकू के धुएँ के कारण मौत भी हो सकती है

तम्बाकू के धुएँ के कारण अमेरिका में चार लाख चौतीस हजार लोगों की हर साल मौत हो जाती है। इसके जरिये हवा में नुकसान पहुँचाने वाले रासायनिक कण फैल जाते हैं जो इन्सानी जिस्म में कैंसर फैलाने का काम करते हैं। यह बच्चों और युवाओं के लिए खास तौर पर परेशानी पैदा करते हैं।

इन्सानी सेहत पर धुएँ के बुरे प्रभाव

यह कोशिश की गयी है कि लोगों की सेहत पर सिगरेट के जहरीले रासायनिक प्रभावों का पता लगाया जाये जिससे मालूम हो कि एसबेस्टस के कारखानों में सिगरेट नोश मजदूरों में फेफड़े के कैंसर के मरीज तेजी से क्यों बढ़ रहे हैं। मजदूरों की बड़ा तादाद संगीन किस्म की फेफड़ों की बीमारियों से ग्रस्त पायी गयी जबकि सिगरेट न पीने वालों में फेफड़े की मामूली बीमारियाँ पाई गयी। हालाँकि जाँच से यह महत्वपूर्ण जानकारी मिली है कि तम्बाकू का बुरा प्रभाव सिगरेट न पीने वाले मजदूरों पर भी पड़ता है। क्योंकि वो सिगरेट पीनेवाले साथियों के साथ काम करते और वक्त गुजारते हैं। सिगरेट के जरिये औसत डीजल Exhaust से दस गुना ज्यादा प्रदूषण फैलता है। यह जानकारी यकीनन हैरत अंगेज है कि सिगरेट के धुएँ से माहौल में औसत दर्जा Exhaust डीजल इंजन के धुएँ से दस गुना ज्यादा प्रदूषण और गन्दगी फैलते हैं। यह तथ्य हाल ही हुए एक अध्ययन में सामने आए, जो टोबैको कंट्रोल नामक एक अंतरराष्ट्रीय मेडिकल जनरल में प्रकाशित हुई। गौरतलब बात है कि इस वक्त दुनिया में हवा, पानी और माहौल के प्रदूषण से पाँच साल तक की उम्र के तीन लाख से अधिक बच्चे मौत का शिकार हो जाते हैं। तम्बाकू के धुएँ से हवा में खास किस्म के जहरीले कण फैल जाते हैं जो इन्सानी सेहत को सख़्त नुकसान पहुँचाते हैं। यह प्रदूषण बाहर के मुकाबले घरों के अन्दर ज्यादा असर करता है क्योंकि घरों के भीतर धुएँ को बाहर निकलने में मुश्किल आती है और हानिकारक कण लंबे समय तक हमारे आसपास बने रहते हैं। खास किस्म के इंजनों,

मशीनों और सीसामुक्त ईंधनों के इस्तेमाल से खुली जगहों और सड़कों पर पर्यावरण प्रदूषण काफी कम हो गया है।

ईटली के एक छोटे से पहाड़ी कस्बे के एक नशा प्रभावित इलाके में जहरीले पदार्थों और उसके प्रदूषण की जाँच इस तरह की गयी कि गैराज में दो लीटर का एक टर्बो डीजल इन्जन एक घंटा बंद दरवाजों के बीज चलता

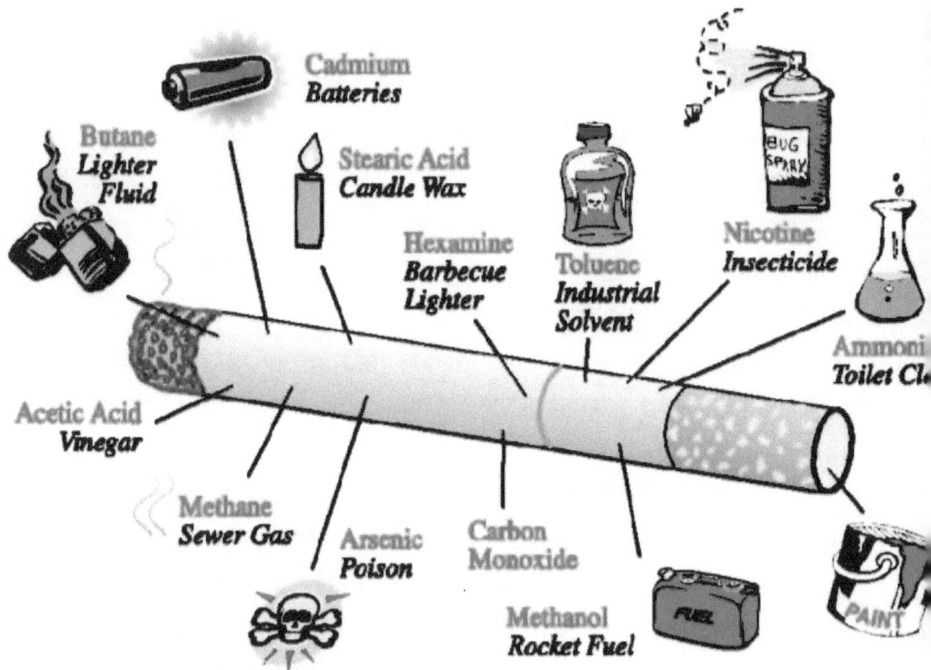

हुआ छोड दिया गया। इन्जन में कम गंधक वाला ईंधन इस्तेमाल किया गया था। गैराज के दरवाजे चार घन्टे के बाद खोले गये और प्रदूषण की माप की गयी। फिर तीन फिल्टर्ड सिगरेट एक के बाद एक सुलगाकर तीन मिनट तक वहाँ रख दिये गये। हर सिगरेट में एक मिली ग्राम निकोटीन, 2.11 टार शामिल था। एक प्रयोग में हर दो मिनट के अध्ययन से पता चला कि इन्जन चलने के बाद पहले घन्टे में गैराज में मिली जुली पार्टिकुलेट की सतह

88 μg/m^3 पायी गयी।
जबकि यह सिगरेटों के
सुलगाने के पहले घंटे के
बाद 830 μg/m^3 थी।
यानी इंजन से दस गुना
ज्यादा। डीजल इन्जन
एक्जास्ट से निकलने
वाले पार्टिकुलेट पदार्थ
की सतह खुली जगहों की
तुलना में दो गुनी पायी
गयी। जबकि सिगरेट से
निकलने वाले धुएँ में यह
सतह दस गुना ज्यादा पायी गयी।

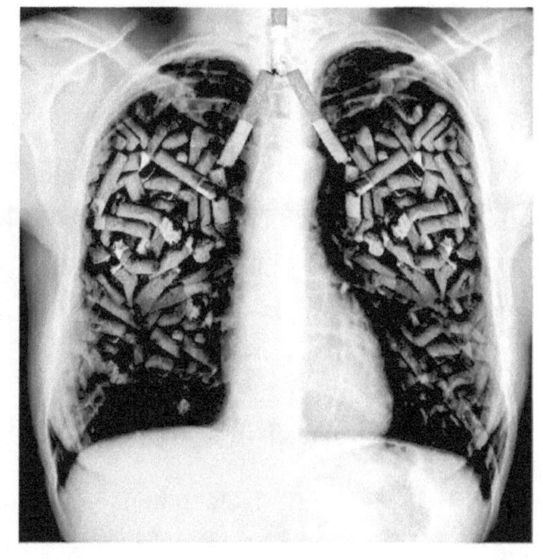

पर्यावरण प्रदूषण को दूर करने के लिए कार-इंजन बनाने वाली बड़ी कंपनियों ने ऐसी गाड़ियाँ बनाना शुरू किया है जिससे पार्टिकुलेट पदार्थ की सतह बहुत कम हो गयी है। मगर सिगरेटों के जरिये यह पदार्थ उसी तरह से वातावरण में फैल रहा है और वह लोगों की सेहत को बुरी तरह प्रभावित कर रहा है। इसलिए यह जरूरी है कि तम्बाकू के खिलाफ बाकायदा मुहीम चलाकर पर्यावरण प्रदूषण को कम किया जाय।

एहतियात

अमेरिका और कोलंबिया में 31 दिसम्बर 1999 को हवा को धुएँ से होनेवाले प्रदूषण से बचाने के लिए ऐसे कानून बनाये गये जिनसे अमेरिका के 41 प्रांतों और कोलंबिया के इजला में खुली जगहों और निजी कारखानों में तंबाकू के सेवन पर रोक लगा दी गयी। इनमें से 31 राज्यों के रेस्टराँ और होटलों ने तम्बाकू सेवन के रोकथाम के कानून को लागू किया। ओटा और वरमोन्ट के राज्यों के रेस्टोरेंटों ने तम्बाकू सेवन को बिलकुल नाजायज करार दिया। पूर्वी यूरोप के कई देशों ने सार्वजनिक जगहों और सरकारी

या निजी कारखानों में तम्बाकू का सेवन गैरकानूनी करार दिया और उसपर पाबन्दी लगा दी। चिकित्सीय दृष्टि से तंबाकू के सेवन से होने वाले नुकसान के बारे में जानकारी का इंतजाम भी होना चाहिए। इसी तरह के कानून जापान और सिंगापुर में भी लागू किए गए हैं। यहाँ तक कि हिन्दुस्तान और दूसरे एशियाई देशों ने भी इस ओर ध्यान दिया है और इसके रोकथाम के उपाय करने शुरू किए हैं। दक्षिणी अफ्रीका ने भी 1999 से सार्वजनिक जगहों और कारखानों में तम्बाकू सेवन पर पाबंदी लगा दी है।

सिगरेट के धुँए से कैसे बचा जाये

कमरों, रेस्टोरेन्टों, हवाई जहाज और उसके अड्डों, रेलवे ट्रेन और होटलों में सिगरेट का सेवन न किया जाय। सिगरेट सेवन के लिए बने विशेष जोन या स्थान पर ही इसका सेवन किया जाय। अगर आपके दोस्त और साथी दफ्तर या घर में आपके सामने सिगरेट पीना चाहें तो उनको नरमी से रोकिये और अगर वह न मानें तो उस वक्त उनसे ज्यादा से ज्यादा दूर रहने की कोशिश कीजिये। सिगरेट सेवन से बचने और दूसरो को बचाने का पक्का इरादा कीजिये। इसके लिए अपने अजीजों और दोस्तों को मना कीजिए जब वे आपके साथ हों।

दफ्तरों, घरों और सार्वजनिक जगहों पर सिगरेट पीने वालों को ऐसा करने से रोकिये और उनको समझाइये कि वे अपनी और लोगों की सेहत की खातिर इस बुरी आदत को छोड़ दें।

रेडियोएक्टिव पदार्थों के कारण प्रदूषण

रेडियोक्टिव और न्यूक्लियर पदार्थ गन्दगी और प्रदूषण फैलाने का बड़ा कारण हैं। जिसके कारण हवा, पानी और पूरा पर्यावरण प्रभावित होता है। रेडियोधर्मी पदार्थों के इधर-उधर फेंकने या ऐसे पदार्थों द्वारा निर्मित हथियारों के परीक्षण के द्वारा भी रेडियोक्टिव प्रदूषण फैलता है। रेडियोधर्मी पदार्थों के खनन के दौरान भी विभिन्न प्रकार की गैसें निकलती हैं जो मानव जीवन व पर्यावरण के लिये नुकसानदेय हैं। ऐसे खतरों पर तुरंत नियंत्रण पाया जाना चाहिये। यह खतरा संसार में पड़े पैमाने पर तेजी से बढ़ता चला जा रहा है। इस प्रकार के कूड़ा-करकट का परिणाम अंतत: त्वचा कैंसर के रूप में सामने आता है। अत: स्वस्थ जीवन जीने के लिये इस प्रकार के खतरों पर ध्यान देना आवश्यक है।

रेडियोएक्टिव पदार्थों के प्रदूषण के प्रकार

इस प्रकार की गन्दगी और प्रदूषण को तीन भागों में बाँटा गया है।

1. सबसे निचली सतह पर अल्फा प्रकार का प्रदूषण जिससे त्वचा पर कोई प्रभाव नहीं पड़ता।

2. दूसरे Beta प्रकार का प्रदूषण, जो त्वचा के अन्दर घुस जाता है। उससे बचाव का इन्तजाम जरूरी है। सीसा के जरिये इससे बचा जा सकता है।

3. सबसे खतरनाक गामा का प्रदूषण है जिसको आसानी से रोका नहीं जा सकता। इसके लिये आवश्यक है इसको दबाने के लिये कंक्रीट की आवश्यकता होती है। ऐसे पदार्थ जानदारों के स्वास्थ के लिये खतरनाक होते हैं। इससे खतरनाक बीमारियाँ, यहाँ तक मौत भी हो सकती है।

अब यह समझना चाहिए कि यह गन्दगी या प्रदूषण किन खास कारणों से फैलता है।

1. Nuclei बनाने वाले केन्द्र या कारखानों से

रेडियोधर्मी पदार्थों से संबंधित कल कारखानों में यदि इनके अपशिष्ट को सुरक्षित तरीके से न निस्तारित किया जाय तो इन पदार्थों के कण हवा में मिलकर वायु को प्रदूषित कर देते हैं। इससे नव व जानवरों की जान का खतरा बढ़ जाता है।

2. न्यूक्लीयर हथियार के कारण

इन हथियारों का प्रयोग जमीन या पानी में किया जाये तो इससे प्रदूषण पर्यावरण में अपने आप पैदा हो जाता है। जैसे हिरोशिमा व नागासाकी में परमाणु बम गिराने के कारण हुआ था।

3. रेडियोएक्टिव या परमाणविक गन्दगी को एक जगह से दूसरी जगह ले जाना

रेडियोधर्मी पदार्थों के अपशिष्ट को यदि सही तरीके से न ले जाया जाय तो इन पदार्थों के रिसाव से पर्यावरण में बढ़े पैमाने पर खतरा उत्पन्न हो सकता है।

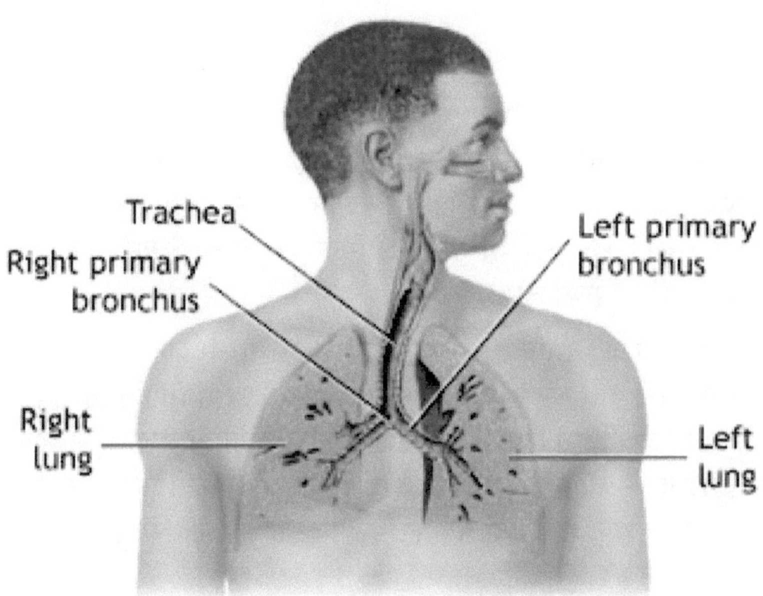

4. रेडियो या परमाणवीय पदार्थों को समाप्त करने का तरीका

इस प्रकार की गन्दगी को खत्म करने में अधिक समय लगता है कुछ रेडियो पदार्थ तो दस हजार साल या उससे भी अधिक समय में भी खत्म नहीं होते और जमाना गुजरने के साथ-साथ ज्यादा खतरनाक होते जाते हैं। इसतरह के पदार्थ जो डाक्टरी इलाज के बाद कूड़ा करकट की शक्ल में पैदा होते हैं। इनको जमीन में खूब गहरे दबा दिया जाता है या समन्दर में फेंक

दिया जाता है। फिर भी उनका खतरा बाकी रहता है।

5.   यूरेनियम (Uranium) की खुदाई के जरिये

Uranium कारखानों में ही उपयोग किया जाता है और इसको जमीन से खोद कर निकाला जाता है। यह भी पर्यावरण पर खतरनाक प्रभाव डालता है।

6. रेडियाएक्टिव पदार्थों के प्रदूषण को कैसे रोका जाय

मौजूदा दुनिया के सामने यह बहुत बड़ी और संगीन समस्या है कि रेडियो प्रदूषण के प्रभाव से किस तरह बचा जाये या उस पर काबू कैसे पाया जाय। इसके खतरों से बचने का सिर्फ एक तरीका है कि उनको बढ़ने और फैलने से रोका जाय।

हर देश की सरकार कानून के जरिये इस प्रकार के पदार्थ पर पूरी निगरानी रखे और इस पर काम करने के लिए लाइसेन्स सिर्फ Expert को दे, ताकि उनकी पूरी हिफाजत हो सके। दुनिया में तमाम सरकारों से विनती की गई है कि वो इसके लिये, I और II की पूरी पाबन्दी करें और अपनी राय संयुक्त राष्ट्र के महासचिव को भेजे जिससे इस बात पर पूरी तरह गौर किया जा सके।

आतिशबाजी के खेल से पर्यावरण में प्रदूषण या प्रसन्नता का प्रदर्शन

जैसा हम सब जानते हैं कि सारे विश्व में जब लोग प्रसन्नता का अनुभव करते हैं तो वो उसका प्रदर्शन नाचकर-गाकर और हुड़दंग के साथ आतिशबाजी का भी उपयोग करते हैं। हम ऐसा मानते हैं कि यह अनुचित नहीं है। लेकिन आजकल इसका चलन इस तरह से बढ़ गया है कि इस खुशी का प्रदर्शन आतिशबाजी चलाकर घंटों इसका आनंद लेते रहते हैं और

ऐसा देखा गया है कि ज्यादातर लोग शादी-ब्याह, रीति-रिवाज के अवसर पर घंटों आतिशबाजी चलाते हैं जिसके कारण पर्यावरण में धुएँ की गहरी चादर फैल जाती है और लोगों को पर्यावरण में घुटन, आँखों में जलन और खुश्की के साथ ठीक से साँस लेने में और एक-दूसरे की बात सुनने में परेशानी महसूस होती है। आमतौर पर इसका प्रभाव औरतों और छोटे बच्चों पर बहुत जल्दी होता है। आतिशबाजी का प्रभाव हमारी जिन्दगी पर पड़ने लगता है।

आतिशबाजी क्या है?

जैसाकि हम जानते और मानते भी हैं कि इसका चलन पहले भारतवर्ष में नहीं था। तीज-त्योहार या शादी-ब्याह के अवसर पर कभी भी इसका उपयोग नहीं किया जाता था। हाँ! इतना जरूर था कि ढोल, नगाड़ा, गाना-बजाना, नाचना ये सारे हमारे भारतीय संस्कृति में शामिल थे, लेकिन आतिशबाजी का कल्चर हमारे भारत वर्ष में बाहर के देशों से आया है।

जैसाकि हम सब जानते हैं कि जब आतिशबाजी चलायी जाती है तो इससे मन को प्रसन्न करने वाले रंगों की रोशनी के दर्शन होते हैं। अब यह सवाल पैदा होता है कि आतिशबाजी से ये रंग किस तरह पैदा होते हैं।

आतिशबाजी से रंगों का पैदा होना

स्ट्रॉन्टियम (Strontium) और लिथियम (Lithium) से लाल रंग पैदा होता है। जब ताँबा जलता है तो इससे नीला रंग निकलता है। यह नीला रंग क्या है? इस नीले रंग से डायोक्सिन (Dioxins) निकलते हैं जिसकी वजह से कैंसर जैसी बीमारी होती है।

मैग्निशियम, टिटेनियम और एलुमिनियम से सफेद रंग की चमक पैदा होती है। इसमें सोडियम क्लोराइड भी उपयोग में लाया जाता है। जिसके कारण नारंगी रंग पैदा होता है। आतिशबाजी में बोरिक एसिड भी उपयोग में लाया जाता है। जिसके कारण हरा रंग भी दिखाई देता है।

रूबिडियम (Rubidium) और पोटैशियम के कारण बैगंनी रंग दिखाई देता है और रेडियोएक्टिव बैरियम चमकदार हरा रंग पैदा करता है। आतिशबाजी में अक्सर कार्सिनोजेनिक या हारमोन को बर्बाद करने वाला पदार्थ पाया जाता है जो कि मिट्टी और पानी में भी आसानी से मिल जाता है। आतिशबाजी से ध्वनि, वायु और पानी में प्रदूषण फैलता है जिसके कारण इंसान का रक्त का दबाव घट-बढ़ सकता है और इसी कारण इन्सान हृदय रोग से पीड़ित हो सकता है।

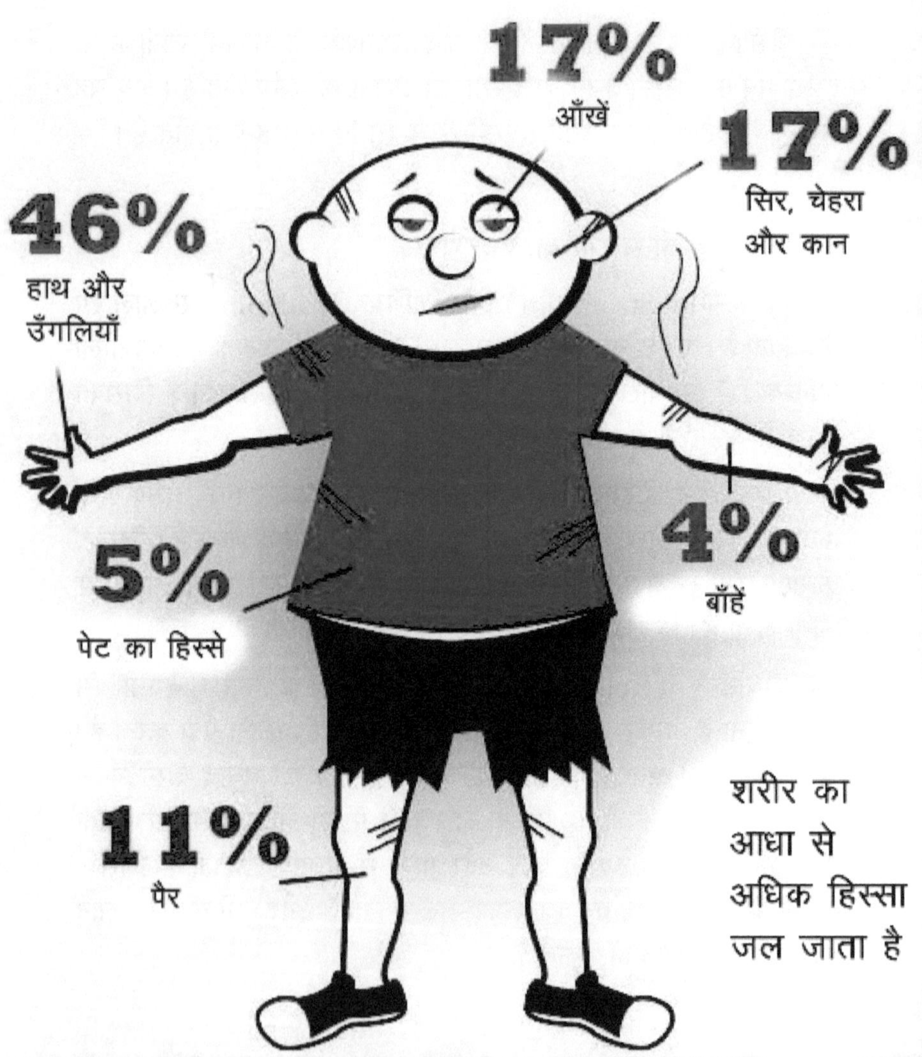
शरीर से ज्यादा प्रभावित हिस्से
17%
आँखें
17%
सिर, चेहरा
और कान
46%
हाथ और
उँगलियाँ
4%
बाँहें
5%
पेट का हिस्से
11%
पैर
शरीर का
आधा से
अधिक हिस्सा
जल जाता है

पार्टिकुलेट मैटर

आतिशबाजी चलाने से जो धुआँ निकलता है उसमें चारकोल, सल्फर फ्यूल होता है जिसके कारण पार्टिकुलेट मैटर में बढ़ोत्तरी होती है और यही पार्टिकोलेट मैटर लोगों के फेफड़ों में जमा हो जाता है और यह उन लोगों को बहुत नुकसान पहुँचाता है जो लोग अस्थमा जैसी बीमारी से प्रभावित होते हैं। लंबे समय तक इससे प्रभावित होने की वजह से कैंसर की बीमारी के शिकार हो सकते हैं। आतिशबाजी का प्रभाव तीन से चार घंटे तक पर्यावरण में बना रहता है।

धातु के यौगिक (Metallic Compounds)

यह गन पावडर होता है जोकि आतिशबाजी की पैकिंग के उपयोग में लाया जाता है और यह भारी धातु का बना होता है। और उसमें टाक्सिन (Toxins) भी सम्मिलित होते हैं। जिसके कारण चमकदार रंग दिखाई पड़ते हैं और भारी धातुएँ गिरने लगती हैं। वैज्ञानिकों का मानना है कि ये भारी धातुएँ इन्सान के शरीर में प्रवेश कर जाती हैं और नुकसान पहुँचाती है।

स्ट्रोन्टियम (Strontium)

यह एक मुलायम चाँदी जैसे पीले रंग की धातु है। यह जब जलती है तो इसका रंग लाल हो जाता है जो हवा और पानी के साथ बहुत तेजी से अभिक्रिया (React) करता है। स्ट्रोन्टियम के कुछ यौगिक पानी में आसानी से घुल जाते हैं और कुछ यौगिक जमीन में काफी गहराई तक पहुँचकर जमीन के नीचे मौजूद पानी में घुल जाते हैं। हालाँकि स्ट्रोन्टियम की कम तादाद मानव स्वास्थ्य को ज्यादा हानि नहीं पहुँचाती। जब स्ट्रोन्टियम धातु की मात्रा ज्यादा हो जाती है तो बहुत ही खतरनाक हो जाती है। खासतौर से ये छोटे बच्चों की वृद्धि पर अधिक प्रभाव डालता है (जिस समय बच्चों की हड्डियों में विकास हो रहा हो)।

सफेद एलुमिनियम (**White Aluminium**)

जैसाकि हम जानते हैं कि एलुमिनियम जमीन की पर्तों में अधिक मात्रा में पाया जाता है और मानव इसको अपनी रोजमर्रा की जिन्दगी में अधिक उपयोग करता है। हम इससे छुटकारा भी नहीं पा सकते। एलुमिनियम की मात्रा खाना, वायु, मिट्टी और पानी इन सब चीजों में पाई जाती है। एक वयस्क इन्सान एक दिन में 7-9 mg चाँदी जैसी सफेद धातु का उपयोग कर लेता है (इसको सुरक्षित माना जाता है)। यदि इससे अधिक मात्रा इन्सान के शरीर में चली जाये तो ये इन्सान के दिमाग और फेफड़ों को हानि पहुँचाती है। कुछ अध्ययनों से पता चला है कि एलुमिनियम से अलजाइमर की बीमारी भी हो सकती है।

नीला ताँबा (**Blue Copper**)

आतिशबाजी से जो नीले रंग की लौ निकलती है, वह ताँबा की वजह से निकलती है। यह अधिक जहरीली नहीं होती लेकिन यह डायोक्सिन (Dioxins) बनाती है। Dioxins वो रसायनिक पदार्थ है जो अपने-आप पैदा नहीं होता बल्कि दूसरे रसायानिक पदार्थों के मिलने के कारण पैदा होता है। इन्सान के स्वास्थ्य को अधिक हानि तब होती है जब क्लोरीन्स (Chlorine) में Dioxins उपस्थित होता है। इसी करण से त्वचा के रोग होते है। जैसे मुँहासे हमारे चेहरे पर निकलते हैं।

W H O की रिपोर्ट से पता चला है कि यह एक मानवीय कार्सिनोजीन (Carcinogen) है जो मानव के हार्मोन को बनने से रोकता है और ग्लुकोज मेटाबॉलिज्म को भी बर्बाद कर देता है।

बैरियम ग्रीन (**Barium Green**)

मछली और दूससे पानी के जीव जो बैरियम को अपने अंदर समाहित कर लेते हैं और फिर ये हमारे खाने पीने के जरिये हमारे शरीर में प्रवेश कर जाते हैं। ये चाँदी जैसा सफेद धातु प्रकृतिक तौर पर दूसरे चीजों से मिलकर

भिन्न-भिन्न प्रकार के यौगिक बनाती है और इसको हम Carcingenic भी कहते हैं। इसी के कारण आँतों की बीमारियाँ हो जाती हैं। जिससे उल्टी, दस्त, साँस लेने में परेशानी और रक्त चाप में भी बदलाव आता है। चेहरे पर सूजन आ जाती है और साथ ही हृदय रोग, लकवा और मौत भी हो जाती है।

रुबीडियम (Rubidium) : यह धातु अपने-आपमें दिखने वाली चाँदी की तरह का एक तत्व है जोकि जमीन पर पाया जाता है। जब यह जलता है तो बैगनी रंग जैसा दिखाई देता है और 104 डिग्री फारेनहाइट पर पिघल जाता है। जब यह पानी के साथ मिलता है तो इसका प्रभाव बहुत बुरा होता है, चाहे तापमान शून्य ही क्यों न हो तो भी आग को पकड़ लेता है। हालाँकि इसका पर्यावरण पर प्रभाव नहीं पड़ता लेकिन त्वचा की बीमारियाँ पैदा करता है। नमी में काफी असरदार होता है जिसके कारण ये जहरीला भी हो जाता है और हड्डियों के कैलशियम को समाप्त कर देता है।

कैडमियम (Cadmium)

यह एक खनिज है। इसको ह्यूमन कार्सिनोजीन भी कह सकते हैं। इसको आतिशबाजी के रंगों को पैदा करने के उपयोग में भी लाया जाता है जोकि उत्प्रेरक (Catalytic Agent) का काम करता है। जब हम साँस लेते हैं तो इसके कण अधिक मात्रा में हमारे फेफड़ों में पहुँचकर हमारे फेफड़ों को बर्बाद कर देते हैं। इससे पेट भी खराब हो जाता है। जैसे- उल्टी या दस्त हो जाना। और यदि यह लंबे समय तक चलता रहा तो यह गुर्दे को भी खराब कर देता है। कैडमियम का प्रभाव मछली और दूसरे जीव-जंतुओं, पेड़-पौधों पर भी पड़ता है। कैडमियम पहले पानी में फिर इसके बाद हमारे खाने के जरिये शरीर में पहुँच जाता है।

आतिशबाजी के प्रदूषण से बचने की जरूरत

WHO ने बताया है कि सारे विश्व में सबसे अधिक मरने वालों कि

संख्या भारत में पायी गयी है जिसके मृत्यू साँस के बीमारी के कारण हुई है। दिल्ली का प्रदूषण कन्ट्रोल बोर्ड आतिशबाजी से होने वाले ध्वनि प्रदूषण पर निगरानी रखे हुए है फिर भी आतिशबाजी से होने वाला प्रदूषण पर काबू नहीं पाया जा सका है। दीपावली पर पटाखों से होने वाले प्रदूषण में हर वर्ष बढ़ोत्तरी जारी है। हमारी सरकार को इसके ऊपर और ध्यान देने की जरूरत है जिससे कि लोगों को प्रदूषण की मार से बचाया जा सके। यहाँ पर सरकार ही नहीं बल्कि जनता को भी अपनी सोच में बदलाव लाने की जरूरत है। आप कम-से-कम आतिशबाजी का उपयोग करें। हो सके तो न ही करें। हमारे देश में बहुत से ऐसे लोग है जिनको दो वक्त का खाना नहीं मिलता और भूख से मर जाते हैं। आतिशबाजी से दूर रहकर आप एक तो प्रदूषण से अपने-आपको बचाएँगे, साथ-ही-साथ दूसरे लोगों या दूसरे जीवधारियों, पेड़-पौधों को भी बचाएँगे। आपके पैसे बचेंगे। उन पैसों से एक कोष बनाएँ। उस कोष को अच्छे कामों में लगायें और देश की सेवा करें और आगे बढ़ें।

आओ हम सब वृक्ष लगाएँ
अपना पर्यावरण बचाएँ।

ऐसे दें हम सब सहयोग
मिटाएँ प्रदूषण का रोग।।